いま やろうと思ってたのに…

かならず直る――そのグズな習慣

リタ・エメット

中井京子訳

知恵の森文庫

光文社

わたしの夫で親友で大切な旅行仲間でもあるブルース・カーダーに本書を捧げます。
そして、わたしたちの人生を明るく輝かせてくれる家族たちに。
さまざまな喜びを与えてくれる五人の子供と四人の義理の子供たちに。
さらに、七人のすばらしい孫たちに。
(どの子も利発で才能豊かで美男美女ぞろいだけど、自慢話は控えましょう)
神様に感謝をこめて。

「いま やろうと思ってたのに…」 ◆◆目次◆◆

本文イラスト／斉田直世　イワミ・ヒロキ
本文デザイン／斎木磯司

はじめに

あなたは自分にとって非常に重要なことをグズグズと先延ばしにしていませんか？　やらなければいけないことや、やりたいことがあるのになかなか手が着けられなくて、そのせいで不安を感じたり気がとがめたりしていませんか？　あなたのグズのせいで家族や友人、職場の同僚たちをイライラさせていませんか？

グズによって生じる損失はあまりにも大きく、ストレスや病気や自信喪失を招きかねません。目標の達成や夢の実現が妨げられるのです。グズな資質を持ち合わせている人なら、次の質問に少なくともひとつはイエスと答えるでしょう。

◆日常の金銭的な雑務を先延ばしにしたせいで、代金の支払いが遅れたり、クレジットカードの高金利の延滞金を支払うはめになっていないか？

◆運動を始めたり、健康のことを考えたり、医者や歯医者の予約を取りたいとは思うのだが、未《いま》だに、何ひとつやっていないのでは？

◆デスクやダイニングルームのテーブル、カウンター、クロゼット、あるいは、床に散乱するごみとの格闘に四苦八苦していないか？　周囲の空間が雑然としているせいで頭や心までが混乱し、収拾がつかないほど打ちのめされ、疲れはてていないか？

でも、希望はあります。本書では、グズという、いらだたしくも魅力のある、そして、おもしろいテーマを取りあげ、物事を先延ばしにする癖ときっぱり決別する方法や、もっと生産的になる方法、あなた自身の目標や価値観にふさわしい優先事項の設定法をわかりやすく説明いたします。

わたしは専門家として全米で講演会を行ない、グズを克服するための原則や戦略を指導しています。以前、タイムマネジメントのセミナーを開いていたとき、「その手のものは自分には効果があったためしがない」からタイムマネジメントの講座には参加しない、という声を耳にしました。話を聞いた結果、彼らは一様にグズな人びとで、タイムマネジメントの本やセミナーでは解決できない特殊な問題をかかえていることがわかりました。

タイムマネジメントが役立つのは、自転車旅行を決意したような人びとです。彼らにはめざすべき目的地があり、自転車の準備も整っている。そして、時間管理の原則はいわば冒険に出発するための地図や案内書のようなものです。

ところが、道路上でうろうろするグズな人びとが現われます。まだ行き先も決めていなければ、自転車を用意することすら忘れている。しかも、肝心の自転車はタイヤのパンクを修理していないので、どっちみち使い物にはならない。地図や案内書（つまり、タイムマネジメントの原則）はこうした人びとにはほとんど役に立ちません。彼らにはもっと違う形のものが必要なのです。そこでわたしは〝グズ克服〟セミナーを開発し、本書を書いたのです。

わたしのセミナーに参加した人びとの多くが、「本当にグズは直るんでしょうか？」とか、「生まれ持った性格や個性を変えられるわけがないのでは？」といった質問をまず口にします。

しかし、グズは生まれ持った性格でも個性でもありません。それはただの習慣で、ひとつの態度にすぎないのです。

習慣を変えることは可能ですか？　もちろん、可能ですとも！　煙草はなかなかやめられない習慣ですが、それでも禁煙に成功した人は数えきれないほどいます。

態度をあらためることは？　もちろん、できます。たとえば、ビデオデッキやＥメールなど必要ないと以前は言っていたのに、それから数年たったいまではビデオやＥメールのない生活なんて想像もつかない、という人がいるのと同じことです。

実は、わたし自身、なんでも先へ先へと延ばす人間だったので、個人的な経験からグズについて語れるのです。わたしが自分のグズを克服しようとあがいていたころ、そして、タイムマネジメントのセミナーをやっていたとき、こんな本があればよかったとつくづく思います。当時、〝グズ克服〟の本といえば、心理学者のために書かれたものばかりで、かなり無味乾燥なものでした。

わたしは物心がついたころからの筋金入りのグズで、ありとあらゆる手を使ってなんでも先に延ばし、そのあげく後ろめたい気分を味わってきました。何年も前、わたしは大学生のときに結婚し、仕事を始めて大学にも通っていました。でも、息子のロブが生まれたあと、学業も仕事も中断し、家で母親業に専念することにしました。あと半年分の単位を残しただけだったので、息子が少し大きくなればすぐにでも学位が取れると思っていたのです。

ところが、もともと筋金入りのグズだけに、わたしはそれからの七年をロブと妹のケリーの育児に費やしただけで、ひとつの単位も取りませんでした。

その後、大学の学位を必要とする職場に就職しました。あと半年分の学期に申しこむ期限が迫り……やがて、過ぎてしまいました。わたしは何もしませんでした。ただ、後ろめたい気分におちいり、上司に言い訳をするだけです。

周囲の人びとがいろいろとアドバイスをくれました。わたしは耳を傾けました。でも、何もしません。

この時期、タイムマネジメントに関するある本を読んだのですが、それによると、わたしたちがグズグズと物事を先延ばしにする理由はふたつのうちのどちらかだというのです。つまり、とうてい歯が立たないほど「大変なもの」か、あるいは、「不愉快なもの」。しかし、わたしにとって半年分の勉強はそれほど大変とは思えなかったし、大学が不愉快というわけでもなかったのです。わたしは物事を先延ばしにする理由がほかにたくさんあることを自分の経験から知りました。その筆頭が「不安」です。

わたしは学校に戻るのが怖かったのです。そして、その不安を分析していくと、自分がいろいろなことを恐れているのだと気づきました。失敗。拒絶。愚かに見えること。十九歳の学生たちと張り合うこと。いつのまにか脳みそがドロドロになっていて、今の自分がただのバカだと気づくこと。もし落第点を取ったら子供たちに顔向けができないこと。宿題をこなすために時間をやりくりしなくてはいけないこと。授業や宿題に時間を取られて子供たちに目が届かず、ダメな母親になってしまうこと。

こうした不安は未知なる巨大なフォースで、その力に圧倒されてわたしは身動きもできませんでしたが、やがて、自分なりにその正体をつきとめてみようと思うようになりました。少しずつ整理し、議論し、問題に立ち向かい、格闘し、答えをひねりだし、そして、ついに人生を動かすことができました。この本で解説している原理（不安・恐怖に関する4章も含めて）すべてを実行に移したのです。

効果があったかって？　もちろん！　約一年後、わたしは同級生たちとともに胸を張って壇上を歩き、文学士の学位を受け取ったのです。さらに五年後、育児や仕事と両立させながら修士号も取りました。**いったんグズを打破してしまえば、可能性は無限に広がるの**です。

今やわたしはグズ克服者で、それは何年も変わっていません。本書にある原理を使いはじめた当初、わたしが期待したのは、仕事や使い走りの用事や雑用、あるいは、いくつかの目標を先延ばしにする癖が少しでも直ればいいな、という程度のものでした。ところが、昔ながらのグズグズしたやりかたが変わるにつれて、わたしの人生そのものが大きく変化しはじめたのです。結局、わたしの人生は一変しました。

あなたの人生も変わるのです。

本書によって可能になることをいくつか挙げてみましょう。

◆あなたの非生産的な思考法を理解したうえでそれを修正する
◆あなた流のやりかたを把握し、物事を先延ばしにする行動パターンを明確にする
◆有効なグズ対策を利用する
◆いつものグズなパターンから抜けだせなかったり、あるいは、逆戻りしたとき、そこから前進するための戦略を展開する
◆あなた自身の行動プランを組み立てる

グズを乗りきった人びとの実例を読めば、あなたにもそれが自分のことだとわかるでしょう。各章にはあなたのモティベーションを高めるために役立つさまざまな言葉が引用してあります。まさに自分のための言葉だと思ったら、それを書き写して、目につきやすいところに貼ってください。

各章の終わりにある〝実習コーナー〟は、その章で読んだ内容を理解し、本書の原理をあなたの人生にわかりやすくあてはめる役に立ちます。質問に答えたり進歩の具合を確かめるのが好きな人にはうってつけのコーナーです。こうしたエクササイズは省略してもか

まいませんが、少なくともそのひとつひとつに目だけは通してください。興味深いものがあるでしょうし、ひょっとしたら楽しいかもしれませんよ。

いつでもグズグズと先延ばしにする人、たいていの場合は先延ばしにしてしまう人、たまにグズグズする人、これはまさにあなたのための本ですし、今こそこれを読むべきです。グズという底なし沼からあなたは這《は》いあがろうとしているのです。

さあ、始めましょう……今すぐ！

第1部 グズって何？

1 「とにかく、やりたくない」——グズの本音

エメットの第一の法則：仕事を先延ばしにすることは、片づけることより倍の時間とエネルギーを要する

何かを先延ばしにしてくよくよ悩んだり後ろめたさを感じながら、時間とエネルギーと感情をさんざん浪費したあげく、いざ仕事に手を着けてみたらほんのわずかな時間ですんでしまった、という経験はありませんか？

わたしが開いている〝グズ克服〟セミナーで、デヴィッドという名前の参加者が次のような話を聞かせてくれました。彼は五十八名の営業マンを統括する営業部長です。彼は新しい本社ビルの営業部オフィスを飾るために、モティベーションを高める標語が入った額を何百ドル分も購入しました。ところが、引っ越しから五カ月がたってもデヴィッドの部署は壁が殺風景なままで、何枚もの額縁はまだ倉庫に眠っていました。デヴィッドはたかが〝オフィスの装飾〟にまる一日かけることなどできないので、先へ先へと延ばしていたのです。

かといって、用務員にその仕事を任せる気にはなれませんでした。彼らが適切な場所に額縁を飾るとは思えないし、掛けなおせば壁に穴が残ってしまうからです。それでも、殺風景な壁についていろいろ言われたり不満の声を聞くのがいやになり、ついにデヴィッドは、毎日の昼休みを利用して額を掛けることにしました。すべての額を飾り終えてみると、オフィスの雰囲気は一変し、やる気にあふれた額のすばらしさを誰もが賞賛しました。

しかし、デヴィッドにとってショックだったのは、この――ほぼ半年も先延ばしにしてきた――仕事があっけないほど簡単で、すべてやり終えるのにわずか四十七分しかかからなかったことでした。

〝どうしようどうしよう〟と考えてばかりいる人びとは、実際の仕事にどれほどの時間がかかるのか、見当すらつかないのです。あなたはたった十三分で片づく仕事を先延ばしにしているために、無秩序な生活をしていませんか？　ひどく忙しいのかもしれないけれど、服をハンガーに掛けたり洗濯物入れに放りこむには二分とかからないんですよ。

あなたはデスクに山積みした書類をたえず引っかきまわしていませんか？　毎日引っかきまわしている時間を考えれば、この際、思いきって書類の整理をしたほうが早いでしょう。ファイリングし、整理し、不要なものは捨て、あるいは、リサイクルするのです。

地下室やガレージの掃除でせっかくの週末をつぶしたくないとか、マーケティング用の手紙を書くのに午後をまるまる使いたくない、といった理由でグズグズしているのかもしれません。充分な時間がないと思っているからこうした仕事に手を着けない。でも、あなたが**思っているほど時間がかかるものではない**と気づくことから、まず第一歩を始めましょう。

次のステップは、よくあるキッチンタイマーの利用です。ある仕事に週末をまるまるかけることはできないかもしれませんが、一時間くらいならなんとか都合がつくでしょう（もちろん、なかには桁外《けたはず》れにグズな人もいますから、やたらと〝休憩〟を取り、一時間の仕事が三カ月たってもまだ終わらないこともあります）。そこで、タイマーを六十分に設定し、途中でじゃまの入らない一時間を仕事にあててください。コーヒー休憩はなし。電話もダメ。ボイスメールがなく、どうしても電話に出なくてはならないのであれば、いかにもせっぱつまった声で応対し、いまは時間がないからあとで掛けなおすと相手に伝えましょう。

すると、次の三つのうち、ひとつが起こります。

①仕事が完了し、それがあまりにも短時間で終わったので驚く。将来、同じような仕事でグズグズ考えはじめたら、「たった三十二分ですむことだ」とか、実際にかかった時間を頭に思い浮かべましょう。

②完了までさらに何時間もかかる大仕事だとわかるが、少なくともとっかかりはつかんだ。次にいつ一時間を使うか決めましょう。一日に一度、タイマーをセットしてみようか？　一週間に一度では？　スケジュール的にばらつきがあるだろうか？　プランができれば、それだけでひとつ完了です。今日の仕事は終わり。もう〝どうしようどうしよう〟と悩まされることはありません。

③一時間後、まだ仕事は終わっていないが、暗いトンネルの先に光明を見いだす。このケースが最も一般的です。いったん勢いがついてしまえば、もう止まりません。仕事の完了をめざしてどんどん先へ進むのが楽しくなるでしょう。

一時間でどれだけの仕事ができるにせよ、あなたはグズを克服するために非常に重要なことを学びます。

あなたがいちばん恐れているのは、時間やエネルギーを仕事に費やすことではなく、単に始めることなのです。

いやな仕事を真っ先に！

グズグズする理由のなかでいちばん見落としがちなのが、実はいちばんはっきりした理由です。つまり、おもしろくないから先へ延ばす。〝やりたくない〟仕事なのです。たとえば、テリーは時間がないと言って車の日々のメンテナンスをやろうとしない。面倒だからです。デボラはフィットネスプログラムを始めようとしない。エクササイズが退屈だから。税理士のトーマスは確定申告に関する電話を依頼人になかなか掛けない。悪いニュースを伝えるのがいやだから……。

やりたくない仕事を先延ばしにするのは人間のごく一般的な習性です。しかし、それでは惨めで退屈でつまらない仕事ばかりが人生にあふれてしまうでしょうし、それらを片づけないことには、いずれ厄介な問題やストレスが生じます。短期間の問題もあれば、長期におよぶ問題もあるでしょう。

短期の問題としては、たとえば、テリーの車がいちばん間《ま》の悪いところで故障するとか、電話を掛けなかったためにトーマスの依頼人が腹を立てる、といった例です。長期にわたる問題になると、経済的に余裕がないのにテリーは代わりの車を買わなくてはならないとか、トーマスは不満を持った依頼人を失い（依頼人はほかの税理士を雇う）、そのため収入源をひとつ失う、という例が考えられます。

長期的なプロジェクトを先延ばしにするのは実に簡単ですし、よくあることです。エクササイズプログラムの計画なんていつまでも先へ延ばすことができる、と多くの人びとが考えています。そして、実際にグズグズと先延ばしにしています。その結果、健康を損なうとは思ってもいないのでしょうが、しかし、実際にはそうなるのです。おもしろくない仕事でグズを決めこんでいると、いずれそのツケを払わされることになります。

では、先に延ばしたくてたまらない退屈でつまらない仕事はどうすればいいのでしょう？　**行動プランを作る前に、グズを生みがちな態度と闘う**必要があります。

まず、楽しみで満ちあふれ、いささかも不愉快なことのない人生など、誰にもどこにもないのです。スコット・ペック（精神科医。邦題『平気でうそをつく人たち』著者）が『愛と心理療法』の冒頭で書いているように、「人生とは困難なもの」なのです。もしあなたが不愉快な雑用から永遠に解放される完全なる職業やライフスタイルを探しているのであれば、それは決して見つかりません。そんなものは存在しないのです。ですから、グズではない人間になりたければつまらない退屈な仕事もこなさなくてはならない、という事実を受けいれてください。

「これをやるのはいやだけど、どうせやらねばならないのだから、それなら今すぐ始めてさっさと片づけてしまおう」と自分自身に言い聞かせたとき、あなたは物事を先延ばしにする後ろめたさとストレスから解放されるでしょう。グズにつきまとう自責の念とストレスを人生から消していけば、あなたは高いレベルで機能し、想像を超えた幸福感と解放感に包まれるはずです。

さらに、つまらない仕事をこなすことからしばしば楽しい結果が生まれますし、少なくとも、仕事を完了したすばらしい満足が味わえます。支払いをすませたとか、厄介な電話を掛け終えたとか、プロジェクトを完成させたというのは、すばらしい気分です。締め切り前に企画書を書いたことにたとえ上司が気づかなくても、あなた自身はちゃんとわかっています。満足感に浸れるのはあなたなのです。

おもしろくない**退屈な仕事のあとには数々の楽しい気分が待っている**ものです。態度をあらため、そうしたつまらない仕事に手を着けようと決めただけで、グズ克服の秘訣《ひけつ》がひとつ、あなたにも実感できるでしょう。すなわち、やりたくない仕事をいちばん先にやりなさい。

やはり〝グズ克服〟セミナーに参加したジャンは、大手職業斡旋《あっせん》会社の創業者でした。ビジネスを始めた最初の年、彼女はわたしのアドバイスを受けいれて〝煩《わずら》わしい〟仕事から手を着けたところ、あっというまにそれが習慣化して驚いたというのです。

ジャンにとっていちばんいやな仕事は勧誘電話を掛けることでした。しばしば彼女は書類整理や経営者としての職務に追われ、一日が終わってみると、見込みのあるクライアントに一本の電話も掛けていないありさまだったのです。しかも、一日また一日と勧誘電話を先延ばしにすることで、帰宅したあとまで心痛と不安と自責の念に悩まされていました。時には、夜、寝ているあいだも、電話をしないことで自分を責めていたのです。

朝いちばんに電話をすべて掛けてしまいなさいとわたしが勧めたとき、彼女は抵抗感を持ったようですが、それでも三週間だけ試してみると同意してくれました。彼女は毎朝数時間を勧誘電話に割り当て（予定表に記入）、忘れないようにデスクまわりにメモを貼り、この務めを果たしました。

三週間の〝試行期間〟後、一日の最初にいやでたまらない仕事を片づけるという習慣がすっかり定着していたのです。今では彼女の日常業務になっています。一日じゅう恐怖が頭から離れず、不安と自責の念でいっぱいということはもはやありません。クライアント候補との接触にも大いに成功を収めています。定期的に営業目標も達成し、彼女の職業斡旋会社は街で最も成功し尊重される会社となったのです。

不愉快な仕事を真っ先に片づけるのは非常にむずかしいことですが、短期間のうちに習慣化できるものです。そうすれば、人生はもっと楽になります。グズというのは一種のゲーム——頭のゲーム——ですから、頭を使ってゲーム自体を変更することができます。どんな気分で仕事をするかということばかり考えずに、その仕事を終えたらどんな気分になれるか、と考えましょう。仕事の成果を考えましょう。成し遂げたときに感じる安堵《あんど》や達成感を思い描きましょう。

「ああ、つらい、こんなことをやるなんていやだ」と思ってはいけません。「これをやれば最高の気分になれる」と自分に言い聞かせましょう。想像力を大きく羽ばたかせるのです。成し遂げたことを友人たちに話す自分の姿を思い浮かべましょう。**頭と想像力をフルに活用してグズのゲームを変えてしまう**のです。

*退屈な仕事をもっと楽しくする方法

ある仕事が退屈だからという理由でそれを先延ばしにしていませんか？　では、少しでも退屈を紛らわすために何ができるでしょうか？　音楽をかけたりラジオを聞きながら仕事をしてみてください。会計士のミッキーはラジオを聞きながら書類整理やファイリング、Eメールのチェックをします。トレーシーによれば、子供たちがガレージの掃除や庭掃除、あるいは、庭仕事の手伝いをするとき、いつも音楽をかけていたそうです。彼女はボリュームを小さくしなさいと注意したそうですが、今では音楽でエネルギッシュになれると認めています（たとえ、子供たちの音楽でも）。

口座の残高チェックや手紙の返事、古いファイルの整理といった面倒臭い仕事は、テレビを見ながらコマーシャルの合間にでも片づけてしまいましょう。友人に電話するのも、皿を洗ったり洗濯物をたたんだりキッチンの掃除をしたり、毎日の雑用をこなしながらやればいいのです。

その昔、西部の開拓者たちがキルト作りのために集まったり納屋の新築の手伝いに集まったという話を知っていますか？　ひょっとしたら、家族や友人と一緒ならば退屈な雑用をこなせるかもしれませんよ。誰かと一緒に仕事をしていれば、時間なんてあっというまに過ぎていきます。

うちの近所にふたりの若い主婦がいて、お互いのキッチンに集まっては、一緒にジャムを作ったり庭でとれた野菜を壜《びん》詰めにしています。彼女たちは裁縫も始め、生地の裁断も一緒にやっています。互いの家を訪ね合うのも楽しみでしょうし、子供たちも一緒に遊んでいますから、一日が終わるころには仕事がとてもはかどっているのです。しかも、それぞれが身につけた技術を学び合うというおまけ付きです。

例をもうひとつ。講演者を派遣するある会社の広報部長は、プロモーション用の資料を準備するのが大嫌いでした。退屈な仕事だからです。今では彼女と広報係が宣伝キャンペーンについて会議をしながら、プロモーション用の書類を順番どおりにそろえ、たたみ、袋に詰めています。

仕事のどこが「いや」かを見きわめる

仕事全体がおもしろくないからではなく、ある一部が嫌いなためにグズグズと先に延ばすことがあります。そういう場合は、まずその嫌いな部分から取りかかりましょう。たとえば、統計データを調べるのが大嫌いなために役員会議用の資料を作成するのがいやだというのなら、資料そのものの作成を先延ばしにしないで、まず必要な数字を集めるための方法を見つけましょう。

掛けなければいけない電話をいちいち覚えていられないというなら、早速、オフィス用品の店に行って、あなたの問題を解決してくれそうな商品やシステムがないか探してみましょう。**必要なものを雇い主が支給してくれないときは、自分で買う**のです。それだけの価値はあります。自分に投資をすることで、時間の節約やイライラの解消、ひいては深刻な事態の回避につながり、率先して問題を解決できる人間だと上司に誇示できるのです。

スーザンはコミュニティカレッジで働き、仕事を生産的にこなしていましたが、ただひとつ、特別イベントの広報だけは例外でした。いつもぎりぎりまで放置し、その結果、イベントの通知が間に合わず、出席者の数がいつも少なかったのです。この問題を自己分析したスーザンは、グラフィックアート部門のある従業員の傲慢な態度に我慢できなかったのだと気づきました。この人物と交渉するのがいやなばかりに、プロジェクトを丸ごと先延ばしにしていたと認めるのは、彼女にとってもさすがに気恥ずかしいことでした。

スーザンはこの不愉快な男との接触を避けるために、電話連絡や作品の受け取りを管理スタッフに頼もうかとも考えましたが、結局、それはやめました。原因がわかった以上、自分で解決することに決めたのです。一日が始まると同時にグラフィック関連の仕事をすべて片づけることにし、たまに、彼との仕事がどうしても気が進まないときは、同僚に助けを求めました。いろいろと知恵を絞るうちに、広報という仕事の楽しさがよくわかってきました。ほんの些細なことを気に病んで仕事をまるまる先延ばしにしていた自分が、今では信じられないそうです。

この問題解決のコツは、いやな仕事のどこが嫌いなのかを見きわめ、その部分を少しでも楽にするために積極的な方策を取り入れることです。

自分の弱点を見つけよう

世の中にはありとあらゆる点でグズという人もいますが、多くの人びとは、ある特定の〝苦手な分野〟に限って行動力が鈍るものです。実際、その弱点を考えただけで不安に襲われる人もいるくらいです。

弱点を特定するために、**いやでたまらない仕事や務めを書きだしてみましょう**。その弱点は季節と関係しているかもしれません。たとえば、クリスマスの装飾品を片づけること。棚卸し。春の大掃除。年間予算の作成。あるいは、ごく普通の日常生活にも苦手な分野があるものです。

メーカーの販売員ヘレンは今でこそグズを卒業していますが、かつては、職場での有能ぶりとは裏腹に、家庭が（そして、私生活も）大混乱をきたしていました。弱点はいろいろあったのですが、なかでもいちばん厄介だったのが郵便物を出すことでした。彼女はいつも心をこめて友人に手紙を書き、書き終えて満足感に浸るのです。ところが、三週間後、まだその手紙は家のなかに残ったまま。友人の住所がわからなかったり、封筒や切手が見つからなかったからです。

やがて、ついに彼女はこの弱点の克服法を思いつきました。タイムマネジメントや〝整理術〟に関するどの記事にも、必ずデスクの必要性が力説されていたのです。ヘレンは書斎を持っていませんでした──もちろん、デスクも。自分には必要ないと思っていたのです。しかし、自分の弱点についてよくよく考えてみると、郵便物の投函のことでいつも頭に血がのぼったりイライラしていたことに気づきました。これまで、請求書の支払いが大嫌いなのは、お金を使うせいだと思いこんでいました。でも、実は、小切手帳や請求書、ペン、切手などをそろえる作業が本当の原因だったのです。ヘレンはデスクを買うことに決めました。

「小さなデスクひとつでこんなに変わるなんて！」とヘレンは驚いています。「今ではあのデスクが家を管理するコントロールセンターになってるわ。デスクには、大小の封筒、アドレス帳、ペン、鉛筆、鉛筆削り、切手、ハサミ、セロハンテープ──快適な生活を約束してくれるものがいっぱい詰まってるのよ」

デスクひとつで人生が一変したため、ヘレンはさらに引き出しが二個付いた小型のファイリングキャビネットまで購入しました。家のあちこちに山積みになっていた書類が今ではきちんとファイルにまとめられています。ヘレンの弱点はあっけなく消え、もう手紙の投函や請求書の支払いにグズグズ悩むことはないそうです。

〝グズ克服〟セミナーに参加したラリーは、新聞記者としては有能で何ごともきちんとまとめられる人間なのに、家族や親しい友人たちにバースデーカードや贈り物を送るとなると、とたんに弱点をさらけだすのだと説明しました。

カードや贈り物をなかなか買う気にならず、やっと買いこんでもどこに置いたかわからなくなる始末で、相手に届いたためしがない。ほかに八人の参加者がラリーと同じ弱点をかかえていると打ち明け、それぞれが自分ひとりの悩みではなかったと知って驚きをあらわにしました。

彼らが相談を始めると、解決策はいたって簡単でした。贈り物の置き場所（クロゼットとか、もし子供がいる場合は、幼い子供の手が届かない高い棚）と、カードの収納場所（引き出しや靴箱）を決める。そうすれば、カードや贈り物が家じゅうに散らばって忘れてしまうこともないし、誰かの誕生日が近づいてきたら、それぞれの場所へカードと贈り物を取りに行けばいいのです。これで彼らの問題は解決。

弱点克服に必要なものを買う。
1本のハサミや、わずか1ドル49セントのセロハンテープ1個で
幸せになれることも

わたしの隣人レオンは自分の弱点をつきとめようと決意し、その結果、いつも家の備品の修理をグズグズ先へ延ばしていることに気づきました。そして、さらによく考えてみると、問題の本質がわかったのです。つまり、必要なときに道具が見つからない。

そこで、ある夏、彼は時間とお金を使ってガレージに作業場を作りました。道具類を掛けられるように壁に穴あきボードを貼り、道具の輪郭まで描きこんだのです。そうすれば、道具を作業場に戻すとき、どこへ掛ければいいか家族にも一目瞭然です。だからと言って、それぞれの道具がいつも同じ場所に掛かっているとはかぎりませんが、それでも作業場へ行けば必要な道具が見つかるのですから、以前のように修理がいつまでもできないということはありません。

やはりセミナー参加者のグレッグは仕事上の弱点の簡単な克服法を見つけました。グレッグは会議で決定したプロジェクトの実務をよく担当させられます。彼は意欲満々で会議を終えるのですが、あまりメモを取るほうではないし、たとえ取っても紙切れに走り書きする程度で、あげくにそれをなくしてしまうので、仕事をうまく遂行することができません。次の会議の席で実務の進行具合を問われると、グレッグは言い訳ばかりをするはめになり、世界で最低のグズに見えてしまうのです。

何度も恥ずかしい思いをしたグレッグはついに行動を起こしました。彼は会議の種類ごとにフォルダーを作り、課題を書きこむ用紙をフォルダーに入れ、メモを読み返す予定を立て、会議のたびにフォルダーを持っていく習慣を身につけました。きちんと書き留めるので課題を忘れることもなく、実務の遂行はごくあたりまえの習慣になりました。

あなたの弱点はこうした例とは異なるかもしれませんが、これが大きなヒントにはなるでしょう。**自分の苦手な分野を特定し、検討すれば、きちんと対処する方法を思いつく**でしょうし、グズ克服に役立つシステムが構築できるでしょう。

自分にご褒美《ほうび》を

秘訣をもうひとつ。自分にご褒美をあげましょう――あなたが大好きなものを。それが励みになって、いやな仕事をさっさと片づけることができます。自分にふさわしいご褒美のリストを作り、グズグズと先延ばししている仕事に割り振りましょう。小さな仕事には小さなご褒美、大きな仕事には大きなご褒美を。小さなご褒美とは、たとえば、お菓子や友人への電話。大きなご褒美は、動物園にでかけたり特別な買い物をしたり、夜、街へ遊びに行く、といったものです。

これが簡単にできる人もいます。そういう人びとは自分に与える褒美を楽しみにし、その分だけ仕事も楽になります。ところが、どうしていいかわからなくなってしまう人もいるのです。彼らは励みになるような褒美を思いつきません。楽しめるようなものが何も思い浮かばないのです。どうすればリラックスできるのか、彼らにはわかりません。ひとつには、自負心と結びついた倫理観があるからで、「生産性が高く、懸命に働いていないかぎり、自分にはそれだけの価値がない」と思いこんでいるからです。

ふさわしい褒美をなかなか思いつかない場合は、まず小さなことから始めるといいでしょう。ハワイでのバカンスなんて考える必要はありません。簡単なことでいいのです。少しのんびりしたり、家族や友人と何かをする、といった小さな褒美でかまいません。グズを克服するために、一種の〝ご褒美方式〟として、**仕事が完了するまでちょっとしたお楽しみを我慢するやりかた**もあります。見たくてたまらない新しい映画や借りたいビデオがあったら、まず何かをさっさと片づけてから、ゆっくりくつろいで褒美を楽しみましょう。後ろめたい気分とはおさらばです。

大学生のキムはいつも三日間ばかり宿題を漫然とながめてから、やっと手を着けていました（でも、いったん始めてしまうと、彼女は苦もなく課題を片づけてしまうのです）。今ではモティベーションとしてご褒美を利用しています。まったくの静寂のなかで（彼女はこれが大嫌い）二十分間、レポートを書いたり勉強をしてから、お気に入りの音楽をかけるのです。

同じように、ボブは勤務先のカウンセリングセンターで日常業務に手を着けるのが苦手でした。毎朝、彼は前夜に受けた電話の数と種類をグラフにまとめ、人事部長に提出しなくてはなりません。ほんの二十分ですむ仕事です。ところが、ボブは何かを先延ばしにしたくなると休憩を取る典型的なグズで、午後遅くまでグラフができあがらず、それが気にかかって仕方がないという日々が続きました。いやだいやだと一日じゅう思っているだけで惨めな気分になってしまいます。

やがて、ついに彼はグズを克服しましたが、その武器はコーヒーでした。ボブは大のコーヒー党だったので、次のような新しい目標を定めました。

①出勤前、自宅では好きなだけコーヒーを飲める。
②勤務中は、グラフを完成させて人事部に届けるまでいっさいコーヒーを飲まない。

一カ月後、ボブは出勤して三十分以内にグラフを完成させる習慣が身につきました。グラフの作成が終わるやいなや、彼は風味豊かなおいしいコーヒーを味わうのです。数カ月もすると、真っ先にレポートを仕上げるのがすっかり習慣化し、もう〝ご褒美ゲーム〟の必要はなくなりましたが、あれから二年後の今でも、一杯めの香り高いコーヒーを飲むのは苦手なグラフを仕上げたあとです。

あるセミナーでジェニファーが次のような話をしてくれました。彼女はかねがね予備のゲストルームが欲しいと思っていました。ところが、いざ夢がかない、予備の客室が実現したとたん、その部屋は家じゅうの余分な品物をしまう物置になってしまったのです。子供たちがこう尋ねます。「ママ、これ、どこへ置けばいいの？」ジェニファーはこう答えます。「ええっと……そうね……予備の客室はどう？」

その部屋の大掃除は彼女の大嫌いな仕事でした。ほかに置き場所がなかったせいで部屋じゅうががらくたの山と化しています。ジェニファーは部屋の掃除をグズグズと引き延ばしていました。〝予備室のパラドックス〟というやつで、本人いわく、「ほかに置き場所がなかったのであれば、部屋を片づけたあと、そのがらくたの山をどこに移せばいいの？」となるからです。

この解決策。まず彼女は掃除に取りかかる前に、態度をあらためることから始めました。部屋のそばを通るたびに、きちんと片づいた清潔な客室に満足し、がらくたの山を見て自分を責めることもない、という成果を思い描いたのです。さらに、何か必要なものがある

あなたにも役立つご褒美の例

* 趣味を楽しむ
* 映画、芝居、コンサートに行く
* マッサージを受ける
* 買い物に行く
* 忙しい週末に午後だけ、あるいはまる一日のんびりする
* 会議、セミナー、講座に出席する
* オフィスの外に出て散歩する
* 友達や同僚とおしゃべりする
* 自然のなかでアウトドアを楽しむ
* たっぷり寝る
* 何もしない時間を持つ――後ろめたいなんて思わない
* 愛する人と過ごす
* 好きなスポーツをしたり、何か運動に精を出す
* 文芸作品や一流雑誌を読む
* バブルバスにのんびり浸かる
* 釣りや狩りにでかける（ひとりでもいいし、友人と一緒でも）
* ひと晩かけて低俗雑誌を読みあさる
* 外食する
* それが大好きだからという理由だけで、まったく無意味なことをする
* 白昼夢にふける
* 一日、あるいは週末だけ、別荘や隠れ家にこもる

とき、それを捜すために部屋じゅうを引っかきまわさなくていい、というのも成果です。そして、最後にすばらしいご褒美を選びました。ジェニファーはこの予備室の大掃除というやな仕事をさんざん先延ばしにしてきたことや、重い腰をあげるために本で読んだ秘訣（この本ですよ！）を総動員したことを親友に打ち明けました。彼女は友人と相談し、日曜日の午後に大好きな美術館へ行くことにしましたが、予備室の掃除という大目標が達成できなかったときは絶対に中止と決めたのです。

ジェニファーは大量の音楽テープを借り、それをかけながら、掃除、整理整頓、箱詰め、廃棄、リサイクル、ファイリングに精を出しました。音楽を聞いていると時間はあっというまに過ぎていきます。しかも、あらかじめ書類のファイリング場所を決め、不要品を引き取ってくれる慈善団体も見つけておいたので、掃除が終わっても、行き場のない品物の山に囲まれることはありませんでした。

大掃除は短時間で終わりました。ジェニファーは自分のご褒美を心から楽しみました。なにより、いやな仕事と取り組む苦痛を最小限に抑える戦略が身についたため、予備室の掃除をもてあますことは二度とありませんでした。

〝ご褒美方式〟を意識的に始めれば、完了後の楽しみを目当てに仕事を推し進める習慣が身につきます。わたしたちにとって、最高のご褒美は休暇でしょう。ですから、一生懸命に仕事をし、期限を決め、休憩を減らし、がんばって仕事をやりとげましょう。でも、それが終わったら、すぐに次の大仕事やこまごまとした仕事の山に手を着けてはいけません。休暇を取りましょう——遊び、リラックスし、楽しむのです。

レクリエーション（recreation）という言葉には、再生（re-create）の概念が含まれています。精神をリフレッシュさせ、あなたのなかの子供を養い、あなた自身を肉体的にも感情的にも精神的にも再生するために、何かをやりましょう。あなたの人生に楽しみと喜びを付け加えてください。仕事が終わってもなんの楽しみもなく、さらにまた仕事をするだけだとしたら、終わらせる気力がわかないではありませんか？

いやな仕事を少しでも楽に、少しでも気軽にし、ちょっとした喜びすら感じるような方法を見つけ、人生を正しい方向、つまり、あなたの選ぶ方向に進める努力をしましょう。

賢者のひとこと

何をするにせよ、進歩したことは評価しよう――たとえそれに気づいたのがあなたひとりであっても。

――作者不詳

とにかくやらねばならないのだから、どうか笑顔でできますように。

――ハル・ローチ（アイルランドのコメディアン）

年だから遊びをやめるわけではなく、遊びをやめるから年を取るのだ。

――作者不詳

なにがしかの満足が味わえたと思わないかぎり、その日は無駄に終わったのだ。

――ドワイト・D・アイゼンハワー（米国の第三十四代大統領）

休息は怠惰ではない。ある夏の日、つかのま木陰に寝そべり、川のせせらぎに耳を澄ましたり、空に浮かんだ雲をながめても、それは決して時間の浪費ではない。

――ジョン・ラボック卿（英国の銀行家、政治家、自然史研究家）

【実習コーナー】

ついつい先へ延ばしがちな仕事や任務をやる気になる（自分にできる範囲の）大小の褒美をリストにしましょう。

◆（小さな仕事をこなしたときの）小さなご褒美
◆（大きな仕事をこなしたときの）大きなご褒美
◆（人生が一変するほどの業績を成し遂げたときの）すばらしく豪勢なご褒美

【補習】（ご心配なく。簡単なことですよ）

①タイマーを買う
②先延ばしにしていた仕事をひとつ選ぶ
③タイマーを一時間にセットする
④選んだ仕事を始める。休憩は取らないこと
⑤自分を褒めてあげる

2 「自分には無理だ」――グズの言い訳

わたしは〝グズ克服〟セミナーの参加者に対して、それぞれどういうところがグズなのかを明らかにするために、**やろうやろうと思いながら未だに取りかかっていない項目を一〇一個、リストに書きだし**てもらいます。その一〇一個のリストを持ち歩いてもいいし、いつも目に入るところへ貼ってもかまいません。そして、わたしが示す例に思い当たることがあると、そのたびにリストを参照し、グズを克服するためのアイディアを取り入れます。

リストを作るには（たいていは作成に数日かかります）、まず仕事場を歩きまわり、次に自宅のあちこちをまわって、ゆっくりと注意深くながめるといいでしょう。コンピューターの中身をスクロールし、クロゼットやキャビネット、物置などもくまなく調べましょう。リストには必要と思われることをすべて書きこみます。たとえば――

点検／変更／返却／移動／修理／ワックスがけ／清掃／収納／修繕／整理
交換／改装／運搬／除去／廃棄／改造／修正／再編成／洗濯／削除……

一〇一項目のリストは自宅や仕事場だけに限られたものではありません。さらにあらゆる角度から生活を見直し、検討を加えます。肉体、精神の健康。社交団体や市民組織。友人、家族、ペット。〝いつか〟やろうと思っていたことをひとつ残らず書き加えます。

そして、これは〝生涯で一度きり〟の課題ではありません。リストはたえず変化していきます。やらなくてはいけないことだらけで頭が痛くなってきたら、いつでもこのリストを作成しましょう。そういったことが頭のなかでもやもやしているかぎり、まともな判断はできませんし、すぐに自責の念と不安でわけがわからなくなってしまいます。リストを書きだすだけで、一両日中にいくつかの仕事が片づいてしまう、と大勢の人びとが報告しています。

言い訳があなたの自尊心を蝕んでいる

リストを書いているうちに、ありとあらゆる言い訳が思い浮かんでくるかもしれません。わたしにはわかるのです、毎日そういう言い訳を聞いているのですから。「もし×××だったらもっといい人生になるんだろうが、でも、わたしは年を取りすぎている、若すぎる、忙しすぎる、未熟すぎる、無学すぎる、意志が弱すぎる、怖すぎる……」このリストはどこまでも続きます。

あなたは言い訳を口にするたびに、やってもやらなくてもどっちでもいいんだ、と誰かに（たいていはあなた自身に）訴えようとしているのです。言い訳によってあなたの信頼性が傷つくことはわかっているかもしれませんが、あなたの自尊心までが蝕《むしば》まれていることに気づいていますか？　大きな声で言い訳を口にするたびに、あなた自身がそれを聞き、しかも、信じてしまうのです。あなたが信じ、認める新しい言い訳のひとつひとつが、あなたを拘束する制約になっていきます。制約を積みあげ、言い訳を受けいれていくと、もっと機能的な人間になろうとしているあなたがみずからそれを妨害することになるのです。

ジョアンは大学に行きたくて行きたくてたまらないと、大人になってからずっと言いつづけてきましたが、その目標を実現できない理由（言い訳）がいつもありました。たとえば、経済的に余裕がない。育児に時間がかかる。仕事が忙しすぎる。時間がない……。いちばん新しい言い訳は年を取りすぎた、でした。大学に入ってはどうかと夫に勧められたとき、ジョアンは「今から大学に通いはじめると、卒業するころには六十歳になってしまう」と答えました。

そこで夫は、「どっちみち六十になるんだ。大学の学位を取っても取らなくても六十歳にはなるんだよ」と言ったのです。ついにジョアンは言い訳をやめ、大学に入学しました。昼間働いて、夜間と週末のクラスを受講したら、へとへとに疲れてしまうと思っていたのに、今では最高にエネルギッシュな気分だそうです。

言い訳や制約があまりに強く、いつのまにかそれが人生哲学の一部になってしまった、ということはありませんか？ **グズは生まれつきだから仕方がないと思っていませんか？** あるいは、自分はバカだ、だらしない、弱い、だから今さら変わることはできないと信じていませんか？

思いこみにとらわれるのはやめにしよう

こうした言い訳や制約はあなたの思いこみにすぎないのです。ネガティブな思いこみをそろそろプラス思考に変えてはどうでしょうか？

一例を挙げましょう。わたしの身内はどの世代の女性たちも機械オンチだと言われて育ち、機会あるごとに自分にも他人にもその言葉を繰り返してきました。わたしがグズから

〝変貌〟を遂げようと決めたとき、まずは自分の思いこみを打破することから始め、さまざまな言い訳をこっぱみじんに打ち砕いてやろうと決意したのです。真っ先に手を着けたのが、この情けない機械オンチという思いこみでした。

この決意をしてから一週間後、シカゴの寒い冬のある朝、仕事にでかけようとすると車が動きませんでした。隣家の十代の少年が出てきて、こう言いました。「ご心配なく、ミセス・エメット。キャブレターがオーバーフローしただけだから。バタフライバルブにペンを差しこめば簡単に直りますよ」。

わたしは自問自答しました。「バタフライバルブ？　蝶《バタフライ》々は好きだわ。そうよ、これなら覚えられる！」。そこでわたしは新たな決意について彼に説明しました。

「なるほど、じゃあ、教えてあげましょう。簡単なことだ。さあ、まずボンネットを開けて」

「おばさんはね、わからないことだらけなのよ」——わたしは遠慮がちに答えました。

「実は、ボンネットの開けかたすら知らないの」

そこで少年は辛抱強くわたしに教え、バルブの位置やボールペンの差しかたをていねいに説明してくれました。すると、車は動いたのです！　わたしたちはペンをはずし、ボンネットを閉じました。わたしは脈々と受け継がれた思いこみの打破に向かって一歩を踏みだしたのです。

その翌日、わたしは十代の娘ケリーとその女友達四人を引き連れて映画に行く予定でした。全員が車に乗りこんだとき、またもや車が動かなくなったのです。気持ちは落ちこんだものの、頭のなかで「しっかりしなさいよ、リタ、ポジティブに考えなきゃ。あなたはちゃんと直しかたを知ってるんだから」という声が聞こえました。わたしは自分にハッパをかけると、自信ありげに――いいえ、ずうずうしく――外へ出て、車の前にまわってボンネットを開け、バタフライバルブにペンを差しこみました。

そして、運転席に戻り、息を詰めてイグニッションキーをまわすと、エンジンがかかったのです。娘を含めて五人の少女たちが歓声をあげました。わたしの自尊心は大きくふくらんだのです。

それから数年、わたしは自分にポジティブなメッセージを送りつづけ、機械の扱いに少しずつ自信を深めていきました。この自信は仕事でも生かされました。会社の重役が新しいビデオ機器の操作法の習得を誰かに頼もうとしたとき、「それならリタ・エメットがいいですよ。彼女は機械に強いから」という意見が出されたのです。駐車場で同僚の車を直すわたしの姿を誰かが見ていたのでしょう。わたしはボールペン使いの達人になっていました。そこで、わたしは「ビデオ機器の操作は知らないけど、喜んで勉強します」と答えたのです。そして、実際に技術を身につけました。

習いたいけど、「どうせわたしは機械オンチ」だから無理だと思いこんでいたことにも、次々と手を着けるようになりました。うちの近所で初めてビデオの留守録をした大人は、わたしが第一号です。パソコンが登場したときも人びとの口から言い訳や不安が聞こえてきましたが、わたしはすでに機械オンチを克服していたので、さっさと飛びつきました。

やがて、わたしは車を新車に代えました。あるとき、またもや動かなくなったので、ボンネットを開けてみると、新型車にはもはやバタフライバルブがないことに気づきました。動転しました。「機械を扱う能力がすべてなくなったらどうしよう？　職場に行ってビデオが操作できなかったらどうしよう？」

もちろん、そういう事態にはなりませんでした。機械が苦手という思いこみにふたたび縛られることはなかったのです。いったん打破してしまえばもうだいじょうぶ。

できないと思いこんでいるかぎり、いつまでもできません。そうです、できると信じている人びとを見習いましょう。「心に浮かんで信じたことは何ごとも達成できる」という古い格言には、グズな人びとを突き動かす大きな力があります。

グズグズしはじめたら、そのたびに自分を励ましましょう。言い訳をする代わりに、望めば達成できるというポジティブなメッセージを発信するのです。各章の最後にポジティブな言葉をいろいろ引用してありますので、気に入ったものをいくつか写し取って壁や電話機やダッシュボードに貼り、他人から――もっと深刻な場合――自分自身から聞こえてくるネガティブなささやきを打ち砕いてください。

もう自分の言い訳に耳を貸すのはやめましょう。筋金入りのグズかどうかは問題ではありません。大事なのは、あなたが変われるということです。それを明日まで延ばす必要はありません。今からでも変わることができるのですから。これからすぐに。

言い訳の王様――「せっぱつまらないとダメ」

あなたがグズグズするのは、せっぱつまらないとダメだと信じているからですか？

しかし、せっぱつまらないとダメというのは、いったいどういう意味でしょう？　タイムリミットが近づくにつれてアドレナリンが噴出しはじめ、エネルギーが一気に上昇し、集中力と効率性が高まり、しかも――落ちつきと自信に満ちあふれたなかで――期限どおりにいい仕事ができる、という意味ですか？　もし答えが「イエス」ならなんの問題もありません……ただし、次の質問にも「イエス」と答えるなら話は別ですが。

◆タイムリミットが迫ると、ストレスやプレッシャーを感じますか？　焦ったりオロオロすることは？　混乱したり逆上することは？

◆やらなくてはいけないことが山ほどあって、それをやるだけの時間がまったくないと感じることは？

◆時おり大声で助けを求め、家族や友人、同僚の協力を仰ぐことは？

◆周囲の人びとにストレスをまき散らしていませんか？（よくわからない場合は、タイムリミットまぎわにあなたを絞め殺したくならないかどうか、数人の人に尋ねてみましょう）

◆タイムリミットが迫ってくると、頭痛、胃痛、腰痛、足の痛み、あるいは、その他の体調不良に襲われませんか？

◆たまに締め切りに間に合わないことは？

◆タイムリミットのプレッシャーがあるとき、あなたは不機嫌で怒りっぽくてイライラして意地悪でいやなやつになりませんか？

以上の質問にひとつでも「イエス」なら、あなたは「せっぱつまると仕事がはかどる」タイプではないのです。

非営利団体で助成金申請を担当しているリックは、何ごともぎりぎりになるまで放置しながらお気楽な人生を送ってきました。彼はせっぱつまらないとダメなんだと人に言うのが大好きでした。問題は、いざ期限が迫ってせっぱつまると、リックは職場の同僚たちに大迷惑をかけ、妻や子供たちからはパニック状態のときは、家に居ないでほしいと言われることです。彼の〝せっぱつまらないとダメ〟という考えかたは、すなわち、一緒に暮らしたり働いたりできない怪物に変身することだったのです。

多くの人びとが「せっぱつまらないとダメ」と言いますが、しかし、彼らはせっぱつまったからといってよく働くわけではありません。せっぱつまると彼らはたいていこうなります。

◆支離滅裂になる
◆逆上したり異常な行動を取る
◆眠れなくなる
◆人に向かって怒鳴る、小言を言う、批判する
◆過食もしくは拒食になる

◆ストレスに悩む
◆雑、ずさん、いいかげんな仕事をする
◆バーンアウトする
◆人に迷惑をかける
◆病気になる
◆重要な締め切りを破る

しかし、こんな条件下でいい仕事などできるわけはありません。

彼らの口ぐせはこうです――「タイムリミットが迫らないと手を着ける気になれない。プレッシャーがかかってやっと仕事を始めるんだ」。この〈せっぱつまらないとダメ〉型グズを克服するカギは、あなたの態度を変えることです。

まる一日の〝グズ克服〟セミナーを終えたとき、ラミッシュが近づいてきて次のような話を聞かせてくれました。「ぼくはせっぱつまるといい仕事ができる、とかねがね言ってきたんですけどね。でも、それは違うんですよね。ただ、だらだらグズグズしてのんきに構えてるだけなんですよ。そして、期限がせまってくると、やっと重い腰をあげる。せっぱつまったっていい仕事をするわけじゃない。なんでもぎりぎりまで放っておいた

グズのお気に入りトップ10

（グズ・クラブ人気投票より）

⑩ ペット —— カメ

⑨ 食品——糖蜜

⑧ スポーツ —— 釣り

⑦ ことわざ —— 遅くてもしないよりはまし

⑥ 電気器具——スロークッカー
（肉類などを低温で長時間煮るための電気鍋）

⑤ ロックンロールの曲 —— イエスタデイ

④ ブロードウェイミュージカルの曲 ——トゥモロー

③ 雑誌 ——『タイム』

② 映画の台詞 ——「明日考えましょう」
（『風と共に去りぬ』のスカーレット・オハラの言葉）

そして、お気に入りナンバーワンは……

① スローガン ——「明日やろう！」

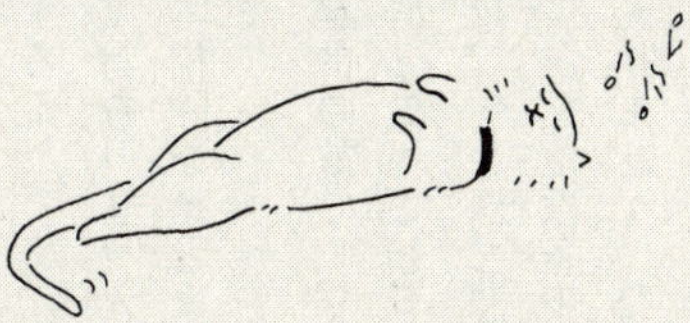

らいい仕事なんてできやしません。必ずうまくいかないことが出てくる。たとえば、一大事発生とか病気や緊急事態！　そのあげく、こんなことさえなければ、もっといい仕事ができたのに、とぼやくはめになるんです」

確かに、ぎりぎりまで放っておいても平気な顔でいられることもなかにはあります。要は、事前に状況を検討し、期限に間に合わないと大変な結果になるのか、あるいは、時間が足りないけれど、とにかく片づけなくてはならないのか、きちんと判断することです。

一例を挙げましょう。数日後に友達が遊びに来るので家の掃除をしなくてはなりません。始めようと思えば今すぐ始められるのですが、あなたはぎりぎりになるまで掃除をあとまわしにすることにしました。

さて、ぎりぎりまで放置すると何かしらまずいことが起きる、というのが世の常です。残業が続く、車が故障する、歯が痛くなって歯医者へ行くことになる。何が起こっても不思議はありませんし、そのため、掃除ができなくなります。この例の場合は、それほど悲惨な結果にはなりません。友達が遊びに来ます。家は散らかったままです。あなたは多少恥ずかしい思いをするでしょうが、あとあとに大きな影響が残るわけではありません。なんの問題もなく、掃除をぎりぎりまで放っておいてはいけないという理由もないでしょう。しかし、状況が変わればもっともっと深刻な結果が待ちかまえています。たとえば、こう例。あなたは職場で重要なレポートを書かねばならない。上司はそれをあてにしている。ところが、あなたは「せっぱつまらないとダメ」なのでぎりぎりまで手を着けない。当然、ここでマーフィーの法則が働きます。これは、失敗しそうなものは必ず失敗する、というありがたくない法則です。あなたは世界最悪のインフルエンザにかかるか、あるいは、猛吹雪に遭遇し、仕事に取りかかれなくなる。あげく、レポートは完成していないどころか、まだ手も着けていないのだと上司に報告せざるをえない。

では、この結果を検討してみましょう。

クビになりかねない事態を招く、上司の機嫌をそこねる、期待していた昇進をふいにする、会社に対する貢献度の査定がぐんと低くなる——すべては、**「せっぱつまらないとダメ」という思いこみからグズグズと先延ばしにする習慣**が身についていたせいです。

ぎりぎりまで放っておくことでいったいどれほどの代償を払ってきたことでしょうか？　会議へ行くのにぎりぎりまで出発を延ばし、あげく、渋滞にはまり、車のなかで心臓をバクバクさせていたときのこと、覚えていますか？

この辺で態度をあらためるべきだとわかったら、締め切りや期限が、パニック、病気、逆上、凡庸《ぼんよう》の原因にならないように、第三部で説明する成功のための戦略を駆使してプロジェクトを細かな仕事に分割し、時間を管理してください。

グズでいいときもある

さて、ここでびっくりすることがひとつ。場合によっては物事を先に延ばしたほうがいいときもあるのです。あなたは絶対にグズを克服できますが、「これにはまだ取り組まない。あとまわしにしたほうがいい」という場合もあるはずです。

誰でもグズグズするときがあります。わたしたちは仕事を選ばねばならない。すべてに手を着けることはできないのですから。意識的に、意図的に先延ばししたほうがいいものもあるのです。わたしはこれを〝**ポジティブなグズ**〟と呼んでいます。

パーキンソンの法則（英国の歴史家、著述家のC・N・パーキンソンが述べた風刺的見解）にいわく、「仕事というのは与えられた時間いっぱいまでかかってしまう」ものです。実際にこれは誰もが経験していることでしょう。友達が来ることになり、家の掃除をする時間が二日間あるとすれば、掃除にはまるまる二日間かかるのです。ところが、掃除の時間がたった四時間しかなければ、その四時間でピカピカに掃除してしまいます（まあ、「ピカピカ」というのは大げさでしょうけど）。

この法則は〝ポジティブなグズ〟にどのようにあてはまるでしょうか？　人によっては、

毎日、次の項目を必ずチェックしよう
カレンダー／スケジュール帳／締め切り／〝やることリスト〟

客が来る四時間前まで掃除を引き延ばすでしょう。まる二日もかけて家の大掃除をする必要はないからです。執筆にも同じ法則があてはまります。ある人びとは論文や手紙を書くときに、皮膚がむずむずしてくるまで何度も何度も書きなおすでしょう。

こういう推敲魔《すいこうま》は、充分なゆとりを持って書き終える程度の持ち時間だけを残し、それまではペンを執らないほうがいいのです。書きなおす時間を何週間も残してはいけません（だからといって、土壇場のぎりぎりまで引き延ばし、推敲どころか校正すらできないほどあわただしいやっつけ仕事を勧めるわけではありません）。

〝ポジティブなグズ〟は人生のさまざまな局面に応用できます。たとえば、創造性。何かすばらしいアイディアが思い浮かんだとき、しばらく寝かせておくともっといい結果につながります。頭のなかで弱火にかけてコトコトと煮込み、そのあいだ、意識的にほかのことに取り組むのです。

あるアートディレクターから聞いた話ですが、彼女はデザインを考えているとき、行き詰まって何時間も無駄に過ごすことがあるそうです。そういうときは無理をせず、一日か二日、ほかのことに精を出します。そして、ふたたびデザインの仕事に戻ると、違う視点からながめる余裕が生まれ、最初から執着しているよりもいい成果があがるのです。仕事で行き詰まりを感じたり閉塞感を覚えたら、いったんわきへ置いて温めましょう。心機一転してふたたび取り組めば、あなたにも仕事にも新たな活力が生まれるかもしれません。なんの理由もなく先送りをしているとトラブルにおちいります。しかし、時には、〝ポジティブなグズ〟になる立派な理由もあるのです。

愚か者が最後にやることを賢者は最初にやる。

——R・C・テンチ

未完成の仕事にいつまでもしがみついていることほど疲れるものはない。

——ウィリアム・ジェイムズ（米国の心理学者、哲学者）

できると思うのもできないと思うのも、どちらも正しい！

——ヘンリー・フォード（米国の自動車王）

エメットの定説　家の掃除がはかどるように神は友を創られた。

——リタ・エメット

何かをやりたいと思えば思うほど、それを仕事とは呼びたくない。

——リチャード・バック（米国の小説家）

人間が最高に機能するには秩序が必要である。日々のさまざまな秩序によってわれわれ自身のイメージは向上する。

——L・トーナベン

空費された時間は生活、利用された時間は人生。

——エドワード・ヤング（英国の詩人）

【実習コーナー】

しなければならないこと（あるいは、やりたいこと）を一〇一項目、リストアップしましょう。わたしは、自分の家や車から閉めだされてしまった人びとが、「予備のキーを作ろうと思ってたのに」と訴える話をいやというほど聞いてきました。もしあなたが予備のキーを持っていないなら、それもリストに加えてください。

3 「忙しくて、忙しくて」――グズのゲーム

グズはゲームです。先に延ばし、無視し、忘れ、やりたくないことは考えないようにするゲームです。そして、多くの人びとが加わるゲームのひとつを、わたしは**〝偽善グズ〟**と呼んでいます。この〝偽善グズ〟におちいるのは、とても重要な仕事があって、それをやる必要がある、どうしてもやらねばならない、やらないと大変困ったことになる、という場合です。

ところが、あなたはそれをやりたくない。

その仕事があまりにも重要なので、ただ先延ばしするわけにはいかない。これといった適当な理由もなく怠《なま》けていれば、あなた自身にもほかの人びとにも顔向けができません。そこで、**代わりに立派なことをして肝心の仕事を先延ばしにする**のです。

一例を挙げましょう。まだわたしがグズだったころ、ある委員会から名簿のタイプを頼まれました。わたしはタイピングが大嫌いで、タイプの訓練を受けたこともありません。したがって、「(キーを) 探しなさい、そうすれば、見つかるであろう」という聖書の教えに頼ることにしました。さんざんキーを打ち間違え、イライラして腹が立ちます。しばら

く名簿のタイプと取り組んだあと、ふらふらとキッチンへ行ってコーヒーを一杯淹《い》れました。いやなタイプ仕事に戻ろうとしたときでした。キッチンの壁に紫色のしみを見つけたのです。グレープジャムか、とにかく、何かブドウ系のしみでした。そんなしみがいつからできていたのかわかりません。わたしはクレンザーのボトルをつかみ、紫色のしみに振りかけました。

その結果は？　あまりきれいとは言えないキッチンの壁に、輝くばかりにきれいな部分がくっきりと一カ所だけできたのです。わたしはやけに目立つその部分をごまかそうとしました。軽くほこりを〝まぶして〟やれば壁の境目が消えるだろうと思ったからです。しかし、これはうまくいきませんでした。そこで、バケツにクレンザーをぶちこみ、キッチンの壁と天井を隅々まで洗うはめになりました。その晩、委員会のメンバーから電話があり、タイプの進行具合を訊かれました。

「一日じゅうキッチンの壁と天井をごしごし洗っていたというのに、あんな名簿のタイプなんてできるわけがないでしょう？」――わたしは声高に言い返しました。これがテレビを見たり昼寝をするためにタイプ仕事を先延ばしにしたのであれば、自分にも他人にも顔向けできなかったでしょうが、そう、とりあえず大切な仕事で忙しかったのだから仕方なかったのです。

〝偽善グズ〟の5つのタイプ

わたしたちはごく無意識のうちにこの〝偽善グズ〟のゲームを演じますし、そのバリエーションは無限にあります。

たとえば、〈移動マニア〉の人びとは仕事をしようとすると、よそで非常に大事な雑用が待っていることを思いだします。あるいは、非常に大事な雑用を探したくてよそへ移動します。抑えがたい衝動に駆られて当面の仕事から離れてしまうのです。

彼らはどこへでも身軽に移動します。コーヒーポット、ファクスマシン、地下室、倉庫、ガレージ、郵便受け。エレベーターがそばにあれば、それに乗って上や下に行きます。窓があればそれを開けたり閉めたり。手近に鉛筆があれば、それを削れる場所まで移動する。食べ物があれば食べる。食べ物がなければ、食べ物のそばまで移動して食べるでしょう。

彼らは歩き、さまよい、移動します。ぶらぶらと歩きまわったすえに当面の仕事まで引き返してくると、またもや〝移動の虫〟につつかれてどこかへとでかけていきます。

〝偽善グズ〟には〈完璧マニア〉というグループもあります。このグループに属する人びとは、もっとたくさんの調査をし、もっとたくさんの情報を集め、もっとたくさんの本を読み、もっとたくさんのセミナーに参加しないことには、今の仕事には取り組めない、と考えます。こういう下準備は大得意なので、仕事をスタートさせるまでえんえんと何年も準備に費やします。裏庭用のテラス造りを先へ延ばすぶんにはそれでもかまいませんが、もしあなたが営業マンで、次の四半期のレポートが仕上がらないために得意先まわりができなければ、会社は営業利益が上がらないし、あなたは、たとえクビにはならなくても歩合の給料が入ってきません。

〈社交マニア〉という人びともいます。気の乗らない仕事をすると考えただけで、何年もごぶさただった友人や親戚に電話をかけたくなる人びとです。あるいは、夫や妻相手に徹底討論会を開いたり、オーストラリアのペンパルにEメールを書いたり。職場での〈社交マニア〉はやりたくない仕事を先延ばしにするために、同僚を訪ねてデスクからデスク、部署から部署、オフィスからオフィスへとさまよい歩きます。

〈整理マニア〉は、雑然とした環境ではいい仕事などできっこないと不意に決断する人びとです。そこで、彼らは整理整頓し、再整理し、ほこりを払い、ゴミを捨て、掃除機をかけ、ファイリングし、そのあげく、壁の時計に目をやって、「おっと、もうこんな時間か。仕方がない、明日にするか」とつぶやくのです。

そして、最後に**〈お助けマニア〉**がいます。〝偽善グズ〟のなかでもとりわけ巧妙で狡《こう》猾《かつ》なタイプです。彼らはやるべき――だけど、やりたくない――仕事をあとまわしにして、人を助けます……ただし、相手が助けを必要としているかいないか、そんなことにはおかまいなしに。相手が本当に助けを必要としているのであれば、その場合はグズではなく、妥当な協力です。

〈お助けマニア〉が親戚や友人、同僚、隣人、時には赤の他人相手に親身になって手助けをしているあいだ、彼らのやりたくない仕事があとまわしになるのは、ほんの偶然にすぎないでしょう。ただし、こうした〈お助けマニア〉たちは、それほどの必要性を持ち合わせていない人びとからうまく利用されてしまいがちです。

問題を解決できるのはあなたしかいない、と言葉巧みにあなたを説き伏せる人びとには気をつけましょう。彼らはあなたの好意につけこもうとします。たとえば、同僚から仕事を手伝ってほしいと頼まれます。こちらも忙しくて手いっぱいだと説明すると、彼は狼狽し、仕事を締め切りまでに仕上げないとクビになってしまうと訴える。結局、あなたが彼の窮地を救ってやることになるでしょうが、でも、肝心のあなたの仕事が仕上がらなかったらどうなるのですか？

家族や友人の手助けをするなと言っているわけではありません。しかし、人の問題解決に手を貸すときには気をつけましょう。あなたが手助けすることで彼らはいつまでも成長せず、責任感も薄くなります。一方で、あなたの仕事は遅れ、あなた自身が問題をかかえこむことになります。あなたは他人の問題を心配して一睡もできないのに、当事者たちは心配事をあなたにすっかり預けてしまったせいで気持ちよく熟睡しているかもしれませんよ。

時おり、〈お助けマニア〉は自分の仕事をほっぽりだして他人の手助けに奔走します。他人の仕事が目新しくわくわくするのに引き替え、自分の仕事が退屈でつまらなく思えるからです。しかも、人を助けるのは気分がいいものです。誰でも人から好かれたいし、代わりに仕事をしてあげればたいていは感謝してもらえるでしょう。

〈お助けマニア〉のなかには、他人から協力を頼まれて「ノウ」と言えない人びとがいます。彼らは〝いい人〟になりたいのです。意地悪、身勝手、冷淡、と思われるのに耐えられないのです。人から好かれたい──彼らの自負心は、人に好かれているかどうかで決まります。もちろん、周囲にいるのが人を利用することしか考えない陰湿で意地悪な人間ばかりだと、〈お助けマニア〉は充分なことができないだろうし、あるいは、充分にやったという実感は得られないでしょう。

彼らは「ノウ」と言いたくないし、他人の感情を傷つけたくないのです。しかし、考えてみてください。こちらから頼んで丁重に断わられた経験は誰にでもあるはずです。

◆「引っ越しの手伝いをしたいのはやまやまだけど、無理なんだ。その週は忙しくてね」

◆「ごめんなさい、今はダメなの。ほかと電話中でね。あとでかけなおしてもいいかしら？」

◆「そっちのコンピュータープロジェクトにも手を貸したいんだが、こちらも仕事が詰まっていて締め切りとの闘いなんだ。今回はほかを当たってもらえないか」

人から「ノウ」と言われても、わたしたちは絶交を宣言したりしないし、二度と口をきかないわけでもありません。ですから、たまに先方の頼みを断わったからといって、なぜ嫌われると心配するのでしょうか？

〈お助けマニア〉のなかには、人を助けているときがいちばん幸せなのだと言う人びとが大勢います。これは本当でしょう。しかし、どんなに幸せでも、問題が起きるときには起きるものです。

他人を助けることで仕事があとまわしになっているとぼやいたり、家族や自分自身を軽視したり、肝心の仕事が片づかないのであれば、この辺で自己主張をし、たまには他人の頼みに「ノウ」と答えましょう。「イエス」とばかり言っていると、疲労困憊《こんぱい》や憤怒《ふんぬ》、完

時間を無駄にする〝偽善〟ゲーム13種

① 同じ書類やがらくたを何度も何度もいじりまわす

② コンピューターゲームをやる

③ 長電話で重要ではないおしゃべりにうつつをぬかす

④ 重要ではない不意の訪問客にいつまでも応対する

⑤ ネットサーフィンをする

⑥ 不必要な会合に出席する

⑦ 目的も重要性も締め切りもないまま漫然と働く

⑧ 一度にたくさんのことに手を出し、すべてを片づけるための時間を少なく見積もる

⑨ 優柔不断で煮え切らない

⑩ 「ノウ」と言うべきときに「イエス」と言う

⑪ 疲れ切って充分に機能できないときに無理をする

⑫ する必要がないことや他人に任せられることをする

⑬ 行き過ぎた準備をする

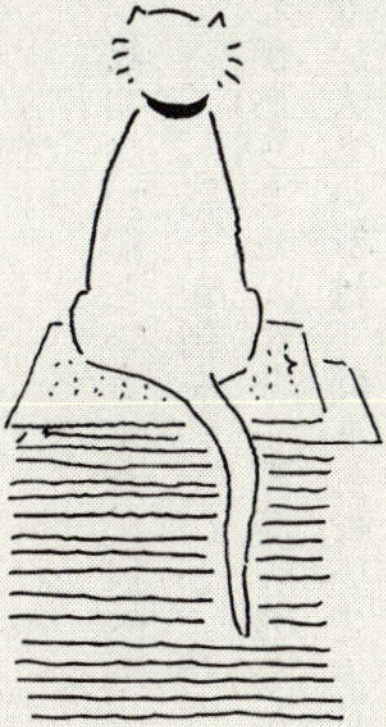

全な敵意にもつながりかねません。アイルランドの詩人ウィリアム・バトラー・イェイツは次のように書いています。

長すぎる犠牲は
心を冷たい石に変える

自己主張をしても、なお親切で愛情深く礼儀正しい人間でいることはできます——もちろん、仕事を片づけることも。

時間を空費する漂流者

〝偽善グズ〟のなかには〈漂流〉する人びとがいます。舵《かじ》のない船というより、目的地のない船と言ったほうがいいでしょう。一日を振り返ってみて、自分が何をしたのか、時間がどこへ流れ去ったのか、まったく見当もつかないことがありませんか？　漂流者のなかには、いくつかの仕事に手を着けてどれひとつ完了しない人もいれば、何もしないでぶらぶらしている人もいます。

次の標語を額かあなたのデスクに貼りつけておきましょう。

そっちに計画性がないからといって
こっちがあわてふためくことはない

漂流にはさまざまな状況が考えられます。気分がウツになったり、打ちひしがれたり、うわのそらだったり、興奮しているとき。あるいは、時間をどう過ごすか予定を立てていないとき。

完全に体系化された時間帯で一日を過ごしている場合は、朝何時に起きていつ朝食をとり、いつ出勤するか、その正確な時間を把握しているでしょう。たとえば、午前九時に仕事を始め、午前十時半に休憩し、正午に昼食を食べ、三時半にもう一度休憩して午後五時に退社。夜は自宅で夕食をとり、テレビを見てから就寝。この時刻がすべて決まっている。みごとに体系化された一日ではほとんど漂流のしようがありません。これこそ〝アンチグズ〟の一日です。

それでは、コインを裏返してまったく正反対の一日を連想してみましょう。なんの予定もないので目覚まし時計は鳴りません。好きなときに起きればいいし、着替える理由もない。早く電話が鳴ってほしいと思う。そうすれば、今日何が起きるかわかるから。

わたしたちの多くはこの両極端のあいだで日々を送っています。さもなければ、綿密に管理された仕事日と完全に自由な週末の休みを往復している、といったところでしょうか。時間が系統立っていようといまいと申し分なく機能する人もいれば、どちらか一方が向いている人もいます。時間管理された仕事中には決してグズグズしたりしない有能な成功者でも、解放された自宅では〝漂流〟（とグズ）のパターンにはまりこむ人がたくさんいるでしょう。

職業によっては特に時間管理のない人びともいます。たとえば、主婦、聖職者、不動産業者や保険代理業者。自宅で仕事をする人びとも、自由になる時間と闘わねばなりません。漂流しないようにたえず用心しなければならないでしょう。

どんな職業にも時間が不規則になりやすい領域があるようです。たとえば、法律の分野では、相続手続きを専門とする弁護士は、その緊急度や締め切り期限の種類がほかの弁護士とは異なります。緊迫性がないため、相続専門弁護士は時間の延長がしやすく、したがって、先へ延ばすことも簡単です。時間の自由な業種では、目標とすべき締め切りや細かいプランニング、何をし、何を優先させるかという詳細なリスト作りが必要ですし、時間管理された仕事に比べてグズにおちいらない対策がもっと厳しく要求されます。

〈漂流〉を直すにはまず自覚することから始めましょう。「わかった！　わたしは漂流している」と。次に、あなた自身のギアを入れ、仕事をひとつ片づけます。ことわざにあるように、「成功は成功を生む」のですから。

同じように「失敗は失敗を生む」ものです。未完成の仕事に費やした時間を振り返ると、まるで失敗したような挫折感に襲われ、場合によっては、それが原因で失敗者として行動してしまいます。しかも、肝心の仕事は未完成なのですからさらに働かねばなりません。

たとえば、〝グズ克服〟セミナーへの参加者メアリーの話によると、デブで気むずかしい愛猫は洗濯がすんできれいに乾いた衣類の山に横たわるのが大好きでした。猫が近づく前にさっさと片づけてしまわないと、メアリーはもう一度、洗濯をやりなおさなければならないうえに、洗濯したての衣類をいつまでも片づけなかったことで失敗者の気分を味わうのです。

〈漂流〉とは、時間を空費するばかりでいっこうに仕事が片づかないグズのひとつのスタイルです。しかも、自尊心が傷つき、自分はだらしない愚か者だと落ちこむはめになります。くれぐれも用心しましょう。漂流していたら足を止めること。そして、方向転換するためにまず仕事をひとつ片づけること。さらに、次の仕事。さらにまたひとつ。

〝偽善グズ〟を克服するには

〝偽善グズ〟を解消する秘訣は、毎日の生活のなかで、あなたがこのタイプの行動をとっていないか意識的にチェックしてみることです。あなたが（わたしたちの誰もが）やっているゲームに気づきましょう。あなたの〝偽善グズ〟がどんなスタイルなのかを自覚すれば、自分で気をつけることができます。知人にお悔やみの電話をかけるつもりでいたのに、せっせとデスクの引き出しの整理をしているとか、あるいは、運動する、瞑想する、日記を書くと心に決めていたのに、リネンクロゼットの再整理に精を出しているとか、ほかに大事なことをしなければならないときにコンピューターゲームをやっているとか。

〝偽善グズ〟とそのバリエーションには共通する特徴があります。すなわち、集中力の欠如です。仕事の期限を決めたり、決意を固めてリストにきちんと書くことで集中力を高めていけば、たいして重要でもないほかの事柄に気を取られてこの種のグズにおちいることはなくなるでしょう。

〝反抗グズ〟のパワープレイ

もうひとつ、グズにからんだ巧妙かつ陰険なゲームが〝反抗グズ〟です。その動機を自覚しているかいないかにかかわらず、自分の無力や未熟を感じた人びとがグズという形でささやかな反抗を試みることがあります。

一例を挙げてみましょう。家の修理が必要なのだと妻が夫に指摘します。夫は「わかった、今度の週末には直そう」と答えます。このときの彼は、あとで妻を怒り狂ったフラストレーションの塊に変えるだろうことを自覚しています――修理を拒んだり不服を唱えたりしなくても、単に約束したことを実行しないだけでそうなるからです。

グズを決めこむだけで妻の感情を操ることができるのですから、夫の側は支配力を実感します。彼は余分なエネルギーをいっさい使わず、なかば無意識のうちにこの支配力を駆使します。ただし、それによってさまざまな結果が生じることは覚悟しなくてはなりません。たとえば、一目瞭然なもの（今にも崩れそうな家屋）から、微妙なもの（愛情のない夫の行動によって恨みをかかえこむ妻）まで、重大な結果が待ち受けています。

さらにもう一例。これは〝グズ克服〟セミナーに参加したペドロの体験談ですが、彼が管理職に昇進したとき、数人の同僚がそれを妬《ねた》み、グズという行動で反感をあらわにしたのです。セミナーを修了して三カ月後、彼が次のように話してくれました。

「結局、あれはぼくのせいではなくて彼らの問題だったんだが、でも、ぼく自身は妨害を受けているような気分でした。今は部下たちに対してあまり厳しくないように気をつかっています。なるべく意見を訊き、仕事を任せ、みんなと相談して結論を出すようにするとか。以前に比べて、ぼくは少し愛想がよくなったかな。信じられないですよ。スタッフの反抗が今では影をひそめてますからね。わざとグズグズするような態度はほとんどなくな

グズではない人びとをなんと呼びましょうか？

物事を先延ばしにしない人びとをなんと呼べばいいのか？グズの反対語はなんでしょう？

成功者や指導者と呼ぶわけにはいかないし、系統だった人間、モティベーションの高い人間という分類もできません。きちんとした成功者だろうとモティベーションのあるリーダーだろうと、それでも人生のさまざまな面でグズグズしている人びとはいくらでもいるからです。

わたしは"グズでない人"（nonprocrastinator）という言葉は使いたくありません。性格的にグズでない人なのか、それともグズとの闘いに勝利を収めた人なのか、区別がつかないからです。nonという接頭辞はあまり多くを語ってくれないのです。たとえば、非喫煙者を表すノンスモーカー（nonsmoker）は、もともと煙草を吸わない人、何年も前にやめた人、あるいはつい先週やめたばかりで、真っ黒な肺の写真を携帯して愛煙家の友人に見せてまわる人、のいずれにもあてはまります。

ラテン語のcrastinusは「明日の」という意味です。この場合、グズ(procrastinator)は積極的にcrastinateする人(つまり、明日まで引き延ばす人)となるので、これに対する反対語は"アンチグズ"(anticrastinator)となるでしょう。

りました。まるで魔法のようだ」

同僚がレポート作成をグズグズと先延ばしにした場合、その行為が及ぼす影響力を考えてみましょう。締め切りまでにレポートが完成しなければ、部署全体、ひょっとしたら会社全体が大混乱におちいるかもしれないのです。

〝反抗グズ〟はきわめて有害です。反抗する相手を傷つけるだけでなく、なにより自分自身を傷つけるからです。あなたは締め切りを破り、何もしないようにがんばったせいで〝何もしない人〟という評判が確立してしまいます。グズを決めこむことで務めが果たせないばかりか、あなたの自尊心、自分は価値のある人間だという自負心が蝕まれてしまうのです。自分の影響力を示したいためとはいえ、あまりに無益で破壊的な方法ではないでしょうか。

〝反抗グズ〟のなかには、父親や母親、あるいは、その両方に対して潜在意識によって反抗してきたのだと気づく人もいるでしょう。何年も前に親が死んでいる場合でもこれはありえます。あなた自身の反抗の理由を探ってみてください。ある人間関係や状況が自分の手には負えないと感じていませんか？　あなたのグズが動揺や怒りや混乱を招いていませんか？　何かを先延ばしにすることで、自分の影響力や支配力を意識していませんか？

〝反抗グズ〟を克服する第一歩は、あなたの人生をポジティブにコントロールしていく方法を見つけることです。家庭や職場の人間相手にかかえている問題を認識しましょう。あなたの問題についてその当事者たちとじかに話し合いましょう。あなた自身の目標を設定してください。本書に書かれたアドバイスを利用してグズグズした生きかたを変えてください。その解放感にきっとあなたは驚くことでしょう。ポジティブな行動を取ることで達成感や力の意識を味わうことができますし、それは反抗やグズによって得られるネガティブな影響力をはるかに超えています。

〝反抗グズ〟をひとりで抑えきれない場合はカウンセリングを受けるといいでしょう。この種の反抗心は潜在意識の奥深くに宿っていて、専門家の助けが必要になる場合も考えられます。

生まれつきのグズなんていない

自分は生まれついてのグズだから絶対に変わることはできない、とわたしは思いこんでいました。でも、結婚して子供が生まれると、あることに気づいたのです。赤ん坊は何かをしたいと思ったらすぐにしたいのです――即座に！　彼らは欲しいものを手に入れようと、家じゅうにとどろくばかりの大声で泣きわめきます。ところが、最初の数年間で子供たちは、徐々にさりげなく（そして、おそらくは知らず知らずのうちに）グズかアンチグズのどちらかへと仕込まれていくのです。

警察で刑事として働くエリザベスが娘のメーガンについて次のような話をしてくれました。メーガンが二歳のとき、ある家族のピクニック風景をテレビで見たあと、自分たちもピクニックに行きたいと言い出しました。エリザベスは同意したものの、今は気温が氷点下で外は雪に覆われているから夏まで待たねばならない、と説明しました。

しかし、メーガンはすぐさまピクニックの計画に取りかかりました。それから数日のうちに彼女は毛布とピクニックバスケット、ジュース用のポットを用意したのです。娘があまりにも熱心にたびたびピクニックの話をするので、ついにある晩、エリザベス一家は居間の床に毛布を広げてピクニックをしたのです。室内でしたが、すばらしいピクニックになりました。

ピクニックは夏までお預けよとエリザベスが言い張ったら、なにげなく（しかし、限りなく意図的に）グズの種子をメーガンにまいたことになったでしょう。

子供たちにとって――いえ、その点では誰であれ――欲しいものがなんでもすぐに手に入るのは決していいことだとは思いません。だいいち、子供たちが今すぐやりたいと言ってもすぐにできないことはいくらでもあるわけですから、そういう場合は「あとで」と言わざるをえません。しかし、わたしたちには今すぐやりたいという情熱が生まれつき備わっていて、それがいつのまにか言い訳したり明日に延ばしたりするような性癖を身につけていくのだと思います。

いますぐやらねばならない仕事でなければ、どんなに大量の仕事でもできる。

——ロバート・ベンチリー（米国の演劇評論家、俳優）

忙しい？　アリも忙しいのだ。問題は、何が忙しいのか、ということだ。

——ヘンリー・デイヴィッド・ソロー（米国の思想家、随想家）

多忙すぎる人生の不毛に注意せよ。

——ソクラテス

自分の価値がわかっているとき、決断を下すのはむずかしくはない。

——ロイ・ディズニー（米国の実業家）

今日できることを明日に延ばすな。今日それを片づければ、明日はそれが楽しみになる。

——ジェイムズ・A・ミッチェナー（米国の作家）

グズとは機会を滅ぼす天敵である。

——ヴィクター・キアム（米国の実業家）

神はあなたの悔悛《かいしゅん》に許しを約束されたが／あなたのグズに明日を約束されてはいない

——聖アウグスティヌス

【実習コーナー】

問1　やりたくないことをしたり、行きたくないところへ行ったり、一緒にいたくない人びとと一緒にいたりして、時間を無駄に過ごしていませんか？　その場合、単に「ノウ」と言えないためにそうしているのですか？　さらにひどい場合、誰に誘われたわけでもなく、ただ漫然とあなたからそうしたのですか？

◆その状況を思いつくだけ挙げてみてください。

（　　　　）

問2　あなたの人間関係のなかで、何度も「イエス」と答えながら約束したことを「し忘れた」ことがありますか？

◆そうした人間関係を列挙してみましょう。

（　　　　）

◆ひどい無力感を感じないためにあなたはどんな変化が可能ですか？

（　　　　　　　　　　　　　　　　　　　　　　　　　　）

◆ひとつの人間関係を選んでみてください。その相手に対して、なぜあなたが頼まれたことをしたくないのか説明してみましょう。

（　　　　　　　　　　　　　　　　　　　　　　　　　　）

【補習】

必要のないことやあなた自身のプランの妨げになること、あるいは相手の人間が自分でやるべきこと――そうしたことを頼まれたら、今週は「ノウ」と答えましょう。

第2部 なぜグズグズするのか？

4 「ミスったら、どうしよう」――グズの恐怖

エメットの第二の法則：グズの原因のひとつは、完璧さに対するこだわりである

グズを引き起こす原因、それはあなたの心に芽生えるさまざまな「恐怖心」です。恐怖に負けて身動きがとれなくなったらどうしますか？　あなたの動きを封じこめる亡霊どもからその力を奪い取る最も効果的な方法は、真っ向から直視することです。恐怖の正体を暴きましょう。はっきりと確認するのです。その正体を知り、正確に把握すればするほど、恐怖は薄らいでいくでしょう。

本章では、あなたの前に立ちふさがるさまざまな恐怖について、そのいくつかを見ていきます。

不完全の恐怖――完全な条件などありえないと知ろう

あなた自身は完全主義者とは思っていないかもしれませんが、でも、タイミングや気分

や条件がきっちり整うまで物事を先に延ばしてはいませんか？

わたしのセミナーに参加したベティは、「あら、べつにわたしは完全主義者じゃありません。家の掃除だってろくにしないのよ」と言いました。ところが、彼女はなかなか手紙を書こうとしません。たっぷりと時間をかけてシェイクスピア並みの流麗な文章を練りあげるつもりなのです。

同じように、ジェーンとビルは何カ月どころか何年も前から、金融投資のプランを組み立てようと話し合ってきましたが、何ひとつ実行には移しませんでした。理由や口実はいくらでもありましたが、要するに、不完全なプランを立てるのが怖かったのです。

これとはまったく違う理由でシェイナは健康診断や歯の検診を先延ばしにしてきました。彼女はいたって健康で、検診に不安があるわけではありません。一カ月先に予約を入れると、重要な会議や遠来の客があった場合に差しつかえるのではないかと不安なのです。

こんなものです。最高の気分になるまで、充分すぎるほどの時間やベストコンディションが得られるまで、人は待つのです……そして、そうした〝完璧な〟状況がきれいにそろわないかぎり、決断も行動も始まりも終わりも移動も購入も人間関係も仕事も生活も延期状態になります。

グズ克服にあたっての重要なレッスンのひとつ、それはこうした**完全な状況はまず起こ**

らないと自覚することです。この世の中は不完全であり、わたしたちは不完全な人間なのです。

ただし、「可」で十分だと言っているのではありません。「優」を目指しましょう。それは達成できます。でも、「完全」はたいてい無理です。

何かの分野で成功した人びとであれば、目標を前に挫折することも、成功を収めるために必要なステップとして受けいれなくてはならない、と言うでしょう。かつてシカゴ・ブルズで活躍したバスケットボールのスター、マイケル・ジョーダンの言葉がポスターに引用されています。

「自分は生涯で九千本以上のシュートをはずした。約三百試合に負けた。試合を決めるウイニングショットを任され、二十六回はずした。人生で何度も何度も失敗を重ねてきた。だからこそ、わたしは成功したのだ」

あなたの目標が投資プランを立てることであれば、最適なプランが見つかるようにしっかり勉強しましょう。いつまでもだらだらと〝完璧な〟プランを追い求めるのではなく、期限を決めて自分なりのプランを実行するのです。手紙を書く、プロジェクトを完成させる、遺言書を作成する、昇給を求める、何をするにしてもできるかぎりベストな仕事ができるように努めればいいのです。ただし、完璧にはなりえないということを覚えておきましょう。

＊完全主義を克服するには

商工会議所で理事を務めるステラは根っからの完全主義者でしたが、やがて仕事でも私生活でも百八十度の変身をやってのけました。グズがすっかり影をひそめ、生産性と効率性の権化となったことに気づいた友人や職場の同僚たちは、どうしてそこまで変われたのかと彼女に尋ねました。

ステラは夫エドのおかげだと答えました。建設業者のエドは、分別のつけかたを彼女に教えたのです。彼はステラの完全主義に我慢できなくなり、ある日、彼女を建築現場へ連れて行き、大工たちのすばらしい仕事を見せました――書棚、キャビネット、硬材の床、コーナーに作りつけたみごとな娯楽設備。ステラはその仕事ぶりに心から感心し、「どれもこれも本当に美しいわ。ここの大工さんたちって、みんな完全主義者なのね」と言いました。

「いや、それは違う」とエドが答えました。「ただ、大工がミスをすると、たいてい一目瞭然でわかるから大変なんだ。彼らは完全主義者なんかじゃなくて、一流の技能を身につけているだけなんだ。国じゅうのほとんどの大工がわかってることだが、木を切るときは、二度測ってから切る。切ったときに間違えばとても高いものにつくからね。しかし、たとえ二度測っても、たまには間違うことがある。そんなドジをやらかしたとき、彼らが自分になんて言い聞かせると思う?」

「さあ、なんて言うの?」

「こいつはグランドピアノじゃないんだ、って自分自身に言うのさ。な、大工の作るものがすべてグランドピアノ並みの精密な貴重品とはかぎらない。べつに完璧じゃなくても一流の仕事であればいいんだし、それで充分に間に合うものなんだ」

自分自身に言い聞かせるという方法はステラには効果抜群でした。彼女は厄介な電話連絡や書類の整理、決断を先延ばしにしなくなり、アンチグズへと変貌したのです。

最近、エドからたまには家で一緒に夕食を食べないかと電話が入ったとき、ステラはこう答えたそうです。「ええ、いいわ! 三人分の仕事がたまってて、十月の会議までに終えなきゃいけない仕事がまだ三分の一も片づいてないんだけど、でも、かまわないわよ。これから帰るわ。だって、この仕事はグランドピアノってわけじゃないんですもの」

＊欠陥を受けいれよう

わたしにも熱烈な完全主義者だった時代があります。条件やタイミングが完全に整うまでなんでも先延ばしにしていました。友人や家族にまで完璧であってほしいと過度な期待を押しつけたのですから、よく見捨てられなかったものだと驚嘆するばかりです。そして、カブスカウトの班長をしていたとき、わたしの思考が一変するような出来事が起こりました。

わたしの班には六人の少年がいて、そのなかにパットとマイクという双子がいました。両親のためのギフトを作るときに、この双子はいつもお互いにのぞきこんではそっくり同じ品物を作っていたものです。

ある年、わたしたちはクリスマス用のギフトとしてステンドグラスの飾りを作りました。少年たちは雪だるまや星の形をした金属製の型をクッキーシートに並べ、その型にプラスティックのビーズを詰め、熱したオーブンに入れてビーズが溶ければステンドグラスのように見える、という趣向です。

集会の終了時刻午後五時にはほとんど作業が終わり、あとはビーズを焼くばかりとなっていました。ただ子供たちが夕食に遅れると親が心配するので、わたしが代わりにオーブンで焼いておくから、翌日の放課後、できあがった作品を取りにいらっしゃい、と少年たちに伝えました。

今もって何がいけなかったのかわからないのですが、作品をオーブンから出してみると、ビーズがまわりにはじけ飛んで、小さな六個の型のうち五個分が互いに混ざり合っていたのです。わたしはパットの白い雪だるまから緑色の溶けたプラスティックを必死に剝《は》ぎ取ろうとしました。でも、だめでした。五個の作品はだいなしになり、一個だけが完璧だったのです。その一個はマイクの作品でした。双子のギフトはふぞろいの雪だるまになってしまったのです。

わたしは友人のジュリーに電話し、少年たちが懸命にがんばったのに、クリスマスギフトのうち五個がめちゃくちゃになってしまったのだと説明しました。明日、子供たちが作品を受け取りに来たらわたしはなんと言えばいいのだろう?

ジュリーはアドバイスをくれる代わりに、あるネイティブアメリカンの逸話を聞かせてくれました。ネイティブアメリカンのアーティストは、完全なのは神だけでわたしたち人間は不完全なのだと思い知るために、わざとビーズ細工に傷を作る、という話でした。同じ理由から、キルトを作る人びとにも手作りのキルトに傷を入れる伝統がある、という話も教えてくれたのです。早速、わたしは図書館へ行き、ネイティブアメリカンのベルトやビーズ細工の写真が載った本を見つけました。なるほど、確かに傷が入っていました。次に、近所の人から小さな丸いキルトのクッションを借りてきました。やはりそれにも傷がありました。

翌日、カブスカウトの少年たちが家に来たとき、五人はどうして自分たちの作品をだいなしにしたのかとわたしを問いつめ、六人めのマイクだけは、自分のだけがすばらしいと言いながらみんなに見せびらかしました。

わたしは彼らをキッチンテーブルのまわりにすわらせると、ネイティブアメリカンがビーズ細工に傷を入れるという話をし、図書館で借りた本の写真を見せました。さらに、隣人から借りた丸いキルトクッションの傷も見せたのです。そして、ステンドグラスの飾りをそれぞれに渡し、家に帰しました。

それから二十五分後、パットとマイクの母親が電話を掛けてきて、こう訴えたのです。「リタ、班のミーティングで何をしているのか、時どき話を聞きたくなるのよ。今日がまさにそれ。ねえ、教えてもらえないかしら、どうしてパットはお腹に緑色のしみがくっついた雪だるまを見てにんまり笑い、マイクは寝室で『ぼくのは完璧すぎる！　完璧すぎるんだ！』と叫んでるの？」

わたしは今でもこの話を心に留め、大切にしています。それがきっかけとなって、「完全」と「優」の違いがわたしにもわかるようになったのですから……そして、グズを克服する第一歩となったのです。

〝「優」を求めて努力はするが、完全は追い求めない〟という態度を育むことには、解放感があるとわたしは考えています。

未知の恐怖——誰だってあることだけど……

この恐怖は最も一般的かもしれません。時には既知の状況がつらく困難で恐ろしいこともありますが、それでも未知の恐怖よりは扱いやすいものです。

〝どうなるかよくわからない〟恐怖と向き合うよりも〝わかりきっている〟苦境に耐えるほうがまだましだからという理由だけで、いやな人間関係や職場にグズグズととどまる人びとがいます。

たとえば、リンジーは獣医という仕事は大好きなのに、二年間勤めている動物病院は上司との折り合いが悪いために大嫌いです。ほかの病院ならもっと給料もいいし、やりがいもあるにちがいない、と彼女は思っています。しかも、交通渋滞に神経をすり減らしながら片道一時間以上もかけて通勤しているのです。それでも、リンジーは新しい職場を探す努力はいっさいしていません。ものすごく惨めな職場にもなにがしかの安らぎは見つかるので、いつまでもグズグズしているのです。

批判の恐怖――雑音を気にしすぎて

あなたは「近所の人がなんて言うだろうか？」とか「人がなんて思うだろう？」とたびたび悩むタイプですか？　もしそうなら、あなたはたぶん批判の恐怖にがんじがらめになっているのかもしれません。恥ずかしさを感じたり、あるいは、怠惰、愚か、バカとか理想主義者というレッテルを貼られるのがいやなばかりに、やるべきことに手をつけず、いつまでも延期してしまう人が大勢いるのです。

ミスをする恐怖――何もしなければミスは生まれない

多くの人びとがこの恐怖に縛られています。ミスによって重要なレッスン――大きなものから些細なものまで――を学べるということが、彼らにはわかっていません。ジルは昔、キッチンでコーヒーマグや皿を割るたびに、それは自分が一気にたくさんのことをやろうとしたからだ、と思い知ったそうです。

ある日、ジルは大急ぎで用事を片づけてでかけようとしたやさき、グラスを床に落として割ってしまいました。そのとき、彼女は、とっさにこう思ったそうです——グラスが割れたおかげで心のギアを切り換えてのんびり構えようと思いなおしたけれど、もしそうでなかったら、スピード違反で捕まるか、悪くすれば、交通事故を起こしていたかもしれない……。

わたしはよく子供たちに言葉や例を使って次のように言い聞かせてきました。ミスをしても自分を責めずに、人生にはミスがつきものだととらえ、「ここから何を学べるんだろう?」と自分に問いなさい。

息子のロブが五歳のころ、大好物は温かいトーストにピーナッツバターやジャムをのせたものでした。ある日、わたしたちが二階で何かをやっていたとき、ちょうど昼食どきになりました。ロブは「いいよ、ママ、ぼくがランチを作るから」と言いました。数分後、階段の下から妙なにおいが漂ってきました。階下《した》へおりてみると、キッチンカウンターのそばでロブが困惑しきった表情を浮かべながら、もうもうと黒煙をあげているトースターを見つめていました。彼はピーナッツバターとジャムをパンに塗ってからトースターに入れてしまったのです。息子は困りはてた顔でこう言いました。「このミスから何を学べばいいんだろう? ほかにどんなやりかたがあるのかな?」

そう、失敗したりミスを冒したり、自分はバカだと感じたときは、自分を非難してはい

一度もミスを冒していない人間は、
たぶん、何もしていないのだ

けません。「なんでこんなにまぬけなんだ、なんてダメなやつなんだ、自分は」と責める代わりに、こんなふうに問いかければいいのです。

「ほかにどんなやりかたがあるんだろう？」

何事にも、別のやりかたがあることをミスは教えてくれます。トーマス・エディソンは電球を発明する前に千六百回の実験に失敗したそうです。何ひとつ成果が生まれないプロジェクトにどうしてこれだけの時間を浪費しているのか、とある友人が尋ねました。エディソンはこう答えたのです。

「いや、もちろん、成果は生まれてるんだよ。うまくいかない方法が千六百通りもわかったんだからね！」

それでも、大勢のグズな人たちがミスを冒す恐怖に圧倒されています。思いどおりに事が運ばないのではないかという恐怖があまりに大きく、結局、何もしないことを選んでしまいます。ミスの可能性に負けて臆病なグズになってしまうこともあれば、ミスをプラン上のちょっとした問題と受けとめて恐怖を和らげることもできます。こういうちょっとした問題や障害から、コースを変更したりペースを変えたり新しい方向を見つけたり気持ちを切り替えるチャンスが生まれるのです。

成功の恐怖

この恐怖は、グズを引き起こす原因のなかでも微妙なものです。成功にはネガティブな要素が含まれていると（意識的にせよ潜在意識的にせよ）考えている人がいます。こういう人びとは、成功とは自分が利己的で浅薄で物質主義の俗物である証《あかし》のようなものだ、と考えています。また、成功とは、手を着けたことすべてに成功することだ、と信じている人もいます。

あなたがグズを決めこむことで成功を〝妨害〟しているのではないかと思っているなら、**「もし×××だったらどうなるだろう？」と自問してみてください。**問題の核心にたどりつくまでこの質問を繰り返していきましょう。

すばらしいミステリー小説を書いていたある女性とわたしとの次の会話を参考にしてください。彼女は執筆を途中でやめていました。作品を完成させたくてたまらないと口では言うものの、それから二年半、一行も書いていなかったのです。

「もう一度執筆を始めたらどうなるのかしら？」とわたしは尋ねました。

「そうね、たぶん、本が完成するでしょう」

「で、本が完成したらどうなるの？」

「たぶん、出版されるわね。みんな、いい作品だと言ってくれるから」

「出版されたらどうなるの？」

「ベストセラーになると思うわ」

「ベストセラーになったらどうなるの？」

「今の稼ぎよりももっとたくさんのお金が手に入るでしょうね」

「たくさんのお金が手に入ったらどうなるの？」

「ええっと……そうだわね……あの、つまり、わたしが結婚生活を続けている唯一の理由は、わたしのお給料だけでは自分と子供たちを養えないからだと思うの。もしもっとたくさんのお金が入ってきたら……」

会話がここまできたとき、彼女は自分の心を深く探らなければいけないのだと気づきました。本当に離婚を望んでいるのだろうか？　経済的な理由だけで結婚を続けているのだろうか？　それとも、結婚が破綻《はたん》しないことを望んでいるのか？　恐怖の本質を理解し、重要ないくつかの問題に答えが出たとたん、彼女はふたたび小説の執筆に取りかかることができました。

“高い水準を守る”恐怖

新しいことにトライしてすばらしい成功を収めたとき、成功の恐怖のバリエーションとしてこの恐怖が生まれます。パトリシアの息子コナーにもそれが起きました。彼はごく平均的な学生でしたが、七年生の最初の通知表を受け取ったとき、初めて優等生名簿に載ったことを知って驚きました。彼は笑顔ではなく心配そうな顔つきで母親に通知表を手渡しました。そして、こう言ったのです。

「次にまたこうなるなんて期待しないでよね」

この恐怖は子供だけでなく大人にもあてはまります。あなたもこんな恐怖のせいで最高の力を発揮しきれていないのではありませんか？

変化の恐怖

変化の恐怖とは自然な不安が極端に大きくなったものです。変化はストレスをもたらす大きな要因であり、ほぼ日常茶飯事として起きているように感じられます。変化を好む人はほとんどいません。ですから、恐ろしい変化を避けたいと願うあまり、なかなか先へ進もうとしない人びとがいます。

カートがまさにその典型です。彼は工場勤務のコンピューター愛好者で、ようやく夜間のコンピューター講座を受講しはじめたところでした。コンピューター関連の仕事に転職したかったのですが、いざ履歴書を書いて就職先を探す段になるといつもグズグズしていました。社員がスリーピーススーツを着こなした俗物ばかりで、彼のボウリング好きをけなされるような息の詰まるオフィスで働くのかと思うと、心配だったのです。

やがて自分の恐怖の原因に気づき、それを真正面から受けとめたカートは、職探しを始め、新しいコンピューター関係の職に就き、今では大いに満足しています。昔の友人たちとも親しくつきあい、新しい同僚たちともうまくいき、今でもボウリングが大好きで、しかも、職場にスーツを着ていく必要はないのです。自分の恐怖を明らかにしたことで、彼にはプランを先へ進める勇気が生まれたのです。

大きすぎる責任の恐怖

この恐怖のせいで最善を尽くすことができなくなります。たとえば、レイチェルもステイーヴも大きすぎる責任を引き受けるのが不安なのです。レイチェルは三年以上も前から専門団体の会報を作りたいと話してきました。ただ、第一号を出してはみても、そのあと定期的に会報を出していけないのではないかと不安で、それで何もしないのです。

一方、スティーヴはリトルリーグのコーチになりたいとよく口にしてはいますが、心配事でいっぱいなのです。「子供たちの親が協力してくれなかったらどうしよう？　手に余るほどやんちゃな子供たちばかりだったらどうしよう？」。コーチ業に挑戦してみないことにはその答えは出ないのですが、彼はただ先延ばしにするばかりです。グズグズしているうちに、自分の娘に野球を教えるせっかくのチャンスを逃し、子供たちのほうも才能ある楽しいコーチから教わる機会を失っていくのです。

気分の恐怖――やってみなければどうなるかわからないのに……

この恐怖に縛られると、今どう感じるかではなく、もし行動を起こしたらどんな気分になるのか、という不安からグズになります。誰でも怒ったり後ろめたさを感じたり、なんらかの不快な感情を味わいたくはないものです。

たとえば、マリオンはルームメイトのナンシーに不満を持っていました。この問題を率直にナンシーに話そうと心には決めたものの、なかなか切りだすことができません。おかげで、ナンシーとの日々のトラブルが続く一方、自分がいつまでもグズグズしているせいで、何週間も胃が痛くてたまらないのです。

マリオンと同じように、ティムも感情的になるのがいやなのです。料金を滞納している顧客に電話して請求すると、あこぎな借金取りのような気分を味わうのではないかと彼は不安で、客に催促するよりむしろ経理をやりくりしようとするのです。

結果として生じる気分を恐れてグズグズしている場合は、グズを決めこんでいることで今どんな気分を味わっているのか、よく考えてみましょう。第一章で述べたとおり、さっさと仕事を片づけるよりも、いやなものを先延ばしにするほうがよほど感情的に大きな負担になるのです。

完了する恐怖

ひとつの仕事を完了させたとたん、すぐまたつまらない仕事が飛びこんでくるのではないかと心配する人びとがいます。今やっている仕事をできるだけ引き延ばしたほうがいい、と彼らは理屈をつけます。

ローリーは寝室の改装をしていたとき、この恐怖に直面しました。彼は古い壁紙を剝がし、きれいな真新しい壁紙を購入しました。それから四カ月後、寝室はまだ改装の途中で、仕事は半分も終わっていません。その気になれば一気に片づく仕事なのですが、潜在意識のなかで彼は次の仕事を始めるのがいやだから完成させたくないと考えていたのです。

その仕事が快適になったり、あるいは、人生になにがしかの意味や目的をもたらしてくれたとき、仕事を終えるのが不安になるものです。仕事は終えなければならないけれど、終わってしまうのはつらいというとき、故意にグズグズと引き延ばすのは実に簡単です。

村役場の職員キャロルはかつて公益サービスの電話帳の編集作業にあたっていました。すべての業者に連絡してサービス内容を調べ、電話帳用に概略をまとめる仕事はとても楽しかったそうです。仕事に対する熱意がエネルギー源にもなりました。この仕事が終わってしまうのはつらいと思いました。そこで、彼女は（もちろん、意識的にではありませんが）仕事のテンポを遅らせ、グズグズしはじめたのです。

そんな自分に気づいた彼女は、今度はできるだけ早く電話帳を完成できるように目標を定めました。ペースが落ちていると思えば、ひとつのセクションが片づくごとに褒美（たとえば、友人とのランチ）を考えたのです。今では完了する恐怖から起きる問題をきちんと呑みこんでいるので、キャロルは新しい職員のオリエンテーションのたびにこの事実を伝えています。

完了する恐怖は、できあがった仕事が失敗だったり不満足な結果に終わる心配があるときにも起こります。

ケヴィンは何年もかけて地下室でボートを作っています。完成したら大きすぎてドアから出せないんじゃないか、と友人たちから冷やかされる始末です。しかし、いくらからかわれてもケヴィンはなかなか作業に戻ろうとはしません。完成させるのが怖いのかもしれないし、熱意を失ってしまったのかもしれない。ひょっとしたら、もう手作りのボートは欲しくなくなったのかもしれないし、それならいいかげんに見切りをつけ、処分する方法を考えるべきでしょう。

一方、もしボートが思いどおりに仕上がりそうにないからグズグズしているのであれば、自分が完全主義者かどうか考えてみるべきです。態度の修正が必要かもしれません。どちらにしても、選択の自由があることをケヴィンは自覚しなければなりません。そして、ボートを完成させるか処分するか決めればいいのです。

ある仕事をやろうと決めたあとでも、たいていの場合、それをやめる力もわたしたちにはあるのです。

拒絶される恐怖

わたしたちは誰しも拒絶される恐怖に影響を受けます。わたしたちに欠陥があったり不完全だという証拠として、相手からの拒絶を個人的な問題として受けとめてしまいがちなのです。

しかし、どっちみち誰にでも欠陥はあります。

何かの売り込みや誘いに「ノウ」という答が返ってきたとき、「いや、おたくの商品を買うつもりはない」とか「いいえ、土曜日は一緒には行けないの」とは聞こえません。「いや、あんたとはいっさい関わりたくないんだよ」と聞こえるのです。人材派遣会社の営業を担当するクレイグはかつて電話勧誘を極力避けるようにしていました。勧誘を断わられると、途方に暮れてしまうからです。今では電話機の横に大きな文字で「次へ!」と書いた紙を貼り、「ノウ」と断わられるたびに「次へ」と言って次の番号をダイアルする習慣が身についています。

ダメ人間だと決めつけられるのが怖いばかりに仕事や決断や人間関係を先送りにしてしまいがちですが、自分に語りかけることでそれを防ぐことができるのです。

誤った決断をする恐怖

誰かが――ひょっとしたら、あなた自身が――いかにも残念そうに、「できれば、あの古いなんとかを取り替えたい……転職したい……ダイエットしたい……禁煙したい……なんでもやりたい……が、でも、まだそこまで手がまわらない」と言うのを聞いたことがありませんか？　問題は、物を取り替えたり、変化を求めたり、人を訪ねたりすることではありません。やろうと決断することです。

いざ決断を下すとなると狼狽する人たちがいます。いったん決断を下せば彼らはうまくやってのけます。やるべきことをきちんと進めていけるのです。ところが現実には、いよいよ決断するときになると、ほかのことで手いっぱいになり、決断がどこかへ忘れ去られてしまいます。いざ決断という場面で完全に止まってしまう人が大勢いるのです。優秀な企業家が意思決定を代行するビジネスを始めれば大富豪になれるのではないか、とわたしは常づね考えています。「さあ、諸君、遠慮は無用だ。君たちに必要な決断は何なのかを言って、わたしに大金を払ってくれればそれでいい。わたしが君らに代わって決断してやろう」

意思決定を人任せにするのが大好きな人もいますが、悲しいかな、決断というのはほとんどわたしたち自身が下すしかないのです。

誤った決断を恐れていれば、その決断が百パーセント正しいと確信するまでなんでも先延ばしにしてしまいます。

意思決定の場面で行き詰まり、決断がつかないと、気持ちが動揺したりいらだってきます。〝グズ克服〟セミナーのディスカッションでジョゼフィーンが次のように話してくれました。「いつまでも優柔不断でいるくらいなら間違った決断をしたほうがましなくらい。何かで決断がつかないと、それで頭がいっぱいになってほかに何も考えられなくなるような気がするの」

もうひとりの参加者トニーは次のように語っています。「最高にグズだったころ、ぼくはいつも決断を先へ延ばしていた。決断しなきゃいけないことをなるべく忘れて、『あとで決めよう』って自分に言うんだ。今はぼくの大好きな哲人ヨーダの賢明なアドバイスに従っている。『スター・ウォーズ　帝国の逆襲』のなかで彼が言った『やるかやらないか、ふたつにひとつだ。試しにやってみる、という選択はない』って言葉だよ。優柔不断だったころは胃が締めつけられるような感じだったね。特に、これから寝ようってときは。今はそれも消えた。正しいにせよ間違っているにせよ、決めるべきことはさっさと決めてあとには引きずらないんだ」

間違った決断をするのが怖いというより、その結果に我慢しなければいけないのがいやなのかもしれません。でも、一度決めたら変えられないというわけではありません。もちろん、そういう決断もありますが、たいていは取り消し可能で、いつか変更したいと思いながら決断した場合は特にそうです。

コートニーは新しいソファを買う決断がなかなかできませんでした。結婚して五年間、古い安物のソファで我慢してきたのです。夫とふたりで貯金をし、ソファをさんざん見てまわり、オーダーメード品の型と生地と色まで選びました。あとは注文するだけ。すでに八カ月が過ぎています。ところが、いくらせっつかれ励まされても彼女にはふんぎりがつきません。特注ソファの注文がきっかけで彼女の心の奥深くに刻まれた〝恐怖〟がよみがえったのです。

しばらく話を聞くうちにわかったのですが、コートニーには家具購入の経験が乏しく、これまでもいくつか買ってはみたもののさんざんな結果に終わったようです。夫は決断を妻任せにしていたのですが、彼女が選んだものには不満顔で批判的だったのです。

オーダーメードの家具は最高でしょうし、コートニーにとってももう少し経験と自信を積んだあとならよかったのでしょうが、とりあえずその段階ではきちんとした返品制度の

85歳の女性が書いた

「もし、人生をもう一度やりなおすとしたら」

次の人生ではもっと思いきってたくさんのミスをする。リラックスする。しなやかになる。この人生でも愚かだったけど、もっとおバカさんになる。人の言うことをあまり真に受けないようにする。もっと冒険する。もっと旅行する。もっとたくさんの山に登り、たくさんの河で泳ぐ。もっとアイスクリームを食べ、豆を食べるのを減らす。実際に多くのトラブルをかかえこんでいるかもしれないけど、想像上のトラブルは減っているはず。

そう、わたしは一日一日、一時間一時間を分別くさく健全に生きているごく普通の人間。そりゃ、こんなわたしにもそれなりにいいときはあったけど、人生をもう一度やりなおせるのなら、そういう楽しい瞬間をもっと増やす。ほかには何もいらないくらい。そういう一瞬一瞬があればいい。毎日毎日、何年も先のことまで心配して生きるのではなく、一瞬を積み重ねていく。わたしはどこへ行くにも体温計と湯たんぽとレインコートとパラシュートを持っていくような人間だった。もしもう一度やりなおせるなら、この次はもっと軽装で旅をする。

もう一度生きなおせるなら、早春から裸足になり晩秋までそのままでいる。もっとダンスに行く。もっとメリーゴーラウンドに乗る。もっとデイジーの花を摘む。

ある店で購入するほうが無難です。それに気づいたとたん、彼女はグズグズと悩むのをやめました。特注しようと思っていたソファに似た品を見つけ、それを購入したのです。一週間後、彼女も夫もそのソファが気に入りませんでした。ふたりはソファを返品し、違う色でデザインも少し異なるソファを買い、すっかり満足しました。

コートニー同様、ケンも誤った決断を下すことを恐れていました。彼の場合は、投資信託《ファンド》に投資したいけれど間違った銘柄を選ぶのが怖い、というものでした。それで、彼は何もしませんでした――何年間も。

やがて、ついにグズを克服する方法を見つけたのです。彼はファンドを検討するとき、証券を換金する際のコストに的を絞るようにしました。解約手数料の率が決まっている場合は正確な金額を計算しました。そして、状況が変わっても低い手数料で解約できるとわかり、賢明と思える投資先を決めたのです。

アルベルトのグズの原因は、経営するふたつのヘルスクラブを宣伝するための販促用小物《ノベルティ》を決めることでした。彼は何軒もの業者と話し合い、何十冊もカタログを調べ、販促会《プロモーション・エキスポ》で何百個もの特製小物グッズを見てまわりました。しかし、もし決断を誤れば何千個もの無駄な小物をかかえこみ、高い間違いになるわけで、それが怖いばかりに何カ月もグズグズと決断を先延ばしにしていたのです。

結局、アルベルトはキーホルダーを三百個だけ注文することに決め、一個あたりのコストがずっと低くなる二千個分の発注は見送りました。一カ月後、その商品は期待したほど人気にはならなかったのですが、それがわかったことで彼は正しい方向性をつかんだのです。現在は小さな懐中電灯型のキーホルダーを配り、客たちはそれを大いに気に入って携帯しています。アルベルトが望んだとおりの結果です。

取り消しができない（ように見える）から決断を迷っているのであれば、そういうプレッシャーを払いのける方法がないか考えてみましょう。返品制度や取り消し条項があるでしょうし、短期の期限を設定したり発注量を少なくしたり、あるいは、もし決断した結果がまずければ〝コース変更〟の可能性を模索することもできるでしょう。

＊意思決定にあたって情報収集やコンサルタントを活用

充分な情報がないためになかなか決断できないときがあります。自分はバカだ、未熟だ、無知だ、と感じてしまうのです。医者に行くべきだとわかってはいるが、正しい医師の選びかたがわからない。ふさわしい弁護士、建設業者、ファイナンシャルアドバイザー、修理工の見つけかたがわからない。あるいは、車やその他の必要な品を買わねばならないが、その決断をできれば永遠に先延ばししたい。ふさわしい買い物の仕方を知っている人はいるだろうが、自分にはその知識が欠けている、と彼らは思いこんでいるのです。

このジレンマの解決策は情報収集や専門のコンサルタントを見つけることです。では、ひとつずつ見ていきましょう。

情報収集といっても、べつに何時間もかけて統計や資料を細かく調べろというのではありません。あなたが買いたいと思っているものを持っている友人や買ったことのある人、あるいは、あなたにとって必要な仕事の経験がある人から話を聞くのです。そういう人びとはあなたが驚くほど喜んで協力したりアドバイスをくれたりするでしょう。

商品の販売員も情報収集には大いに役立ちます。たとえば、コンピューターが買いたければ、三軒の店に行き、各店の店員にさまざまなコンピューターの特徴をじっくり説明してもらいましょう。購入を強く勧められたらはっきり言えばいいのです。買い物のために数店を見てまわっていてほかの店にも行かなければならないが、また戻ってくるだろう、と。三軒めを出るころには、多彩な質問事項がたまり、好き嫌いもわかり、さらにほかの店をまわるにせよ三軒のうちのどこかに戻るにせよ、自分は賢明な決断のできる情報を蓄えた客だと感じるでしょう。

自宅やオフィスの工事をする場合も同じです。三社から営業マンを呼んで無料の見積りを取りましょう。もし契約をせかされたら、今は価格の比較をしているところで、さらにいくつかの会社から見積もりを取るが、最終的におたくの会社を使うかもしれない、と答えればいいのです。やはりこの場合も優れた質問リストができ、その分野に関する豊富な知識（と、ひょっとしたらお手頃な価格）が手に入るでしょう。

時には、〝夢のようなこと〟について調べたり、ある問題に対する解決策を検討してみると、意外にもそれがたやすく実現できる場合があります。ジゼラはキッチンにある不快な緑色の古臭いカウンターが大嫌いでしたが、改装するには何千ドルもかかると思っていました。いくつかの店を見てまわった結果、一年前、キッチン用に購入した低価格のテレビよりも安い値段で、美しく真新しいカウンターを（弟の手を借りて）取りつけることができました。この手の情報収集から多くのことが学べますし、実際、それが楽しいとわかって驚くかもしれません。

では、コンサルタントはどうでしょうか？　どこかのコンサルタント会社に大金を払うという意味ではありません。その分野で働いていたりあなたの関心事について多くの知識を持っている知人に連絡を取ればいいのです。その人に少し時間を割いてもらい、あなたが探しているものを説明したり何かを推薦してもらったり、もしできれば買い物についてきてもらいましょう。もし頼むのが気詰まりであれば、ランチをごちそうしたりお返しに何かをしたり、何か埋め合わせになることを見つければいいのです。

ペギーは新しい車を買う必要がありましたが、自動車についてはは何も知らなかったのでディーラーに行くのがいやでたまりませんでした。わたしはコンサルタントを見つけなさいと彼女に勧めました。車好きで知識も豊富な友人に頼んで一緒に来てもらえばいいのです。ペギーにはこの条件にぴったりの男友達がいましたが、自分が愚かに見えそうでなかなか頼む気になれませんでした。

でも、わたしはそんなふうには思いません。あらゆる分野についてなんでも知っている人間なんていないのです。わたしたちには無知な分野があります。だからといって、愚かなわけではありません。ある事柄についてあまりよく知らないというだけです。自分が無知な分野の専門知識を持っている人にアドバイスを求めるのは、わたしにとっては、思慮深い意思決定を導く賢明な手段なのです。

キャンプ場のオーナーのアイリーンはコンサルタントを利用するのに抵抗はありませんでした。事実、何人か使っていました。彼女の当面の問題は、ビジネスの運営をもっと楽にするためのソフトウェアのアップグレードでした。それまで彼女はグズグズと引き延ばし、古い不便なソフトと格闘していたのです。

何が必要なのかはっきりわからなかった彼女は、ようやく重い腰をあげ、いろいろと尋ねまわり、数人の友達から最適なものを選ぶアドバイスを受けました。ひとりの友人とは一緒にコンピューターショップまで行き、ソフトウェアの最新動向をその目で確かめたのです。こうしたコンサルタントたちのおかげで、アイリーンは必要な特性をすべて備えた新しいソフトを手に入れることができました。

じっくり考察し、意思決定の経験を積めば積むほど、決断できる人間として自信がわいてきます。そして、自信が深まるにつれて決断の恐怖や不安が薄れていきます。決断に疲れはててしまうときもあるかもしれません。そういうときはしばらく決断をお休みにしましょう。でも、それは意識的な決断であって、気が進まないとか不安だという理由で意思決定を先延ばしにしたり避けているわけではないのです。

＊決断に優先順位をつける

決めることが多すぎていっぺんには取りかかれない場合、あるいは、十ドル分の決断に千ドル分のエネルギーと努力を注ぎこみたくない、またはその逆の場合、いずれにせよ、時には決断に優先順位をつける必要があります。

たとえばテリースは、何週間もかけて三百ドルのビデオデッキを捜したくせに、投資に関してはろくに考えもしなければ時間もかけずにポンと二千ドルをはたいたのです。決断の重みが大きければ大きいほど、それが高価であればあるほど、深い思慮とエネルギーが必要です。テリースは意思決定については優先順位のつけかたを学ばねばなりません。

＊決断をしないと……

決断しないこともひとつの決断だと言われます。確かにそのとおりでしょう。でも、大きな過ちになりかねません。

人びとは決断を先延ばしにすることで人生が楽になると考えがちです。新車や中古車を買う決断が面倒でたまらないので、おんぼろ車の修理に大枚をはたくのです。ガラクタ同然の代物を応急修理したり中途半端に修繕して我慢しているのは、代わりのものが買えないからではなく、買い物に行く決断がつかないからです。何年もバカンスを夢見ていながら、貯金をするでもなく計画を立てるでもない。喫煙、酒やドラッグの乱用、ギャンブル、太りすぎ、あるいは、歪んだ人間関係を続けているのは、カウンセリングを受けたり有効な援助を求める決断がつかないからです。

やがて、年を取ると、技術を磨いてこなかったことや、夢を追って自分自身や家族のためにすばらしい生活を築かなかったことで、後悔します。何がいけなかったのだろうと首はひねりますが、決断しなかったそのツケがまわってきたのだということに気づきません。大半の人は間違った決断をしたからといっていつまでも後悔はしません。**決断しなかった**

ことに対して深く後悔するのです。

恐怖を克服する方法

恐怖の対象はあまりにも多く、本章だけではとても扱いきれません。それでも、あなたのグズを引き起こす数々の恐怖の克服に役立つアドバイスを差しあげることはできます。

自分自身に次のふたつのことを問いかけ――そして、正直に答えてください。

まず、**「自分は何が怖いのか？」**と自問しましょう。恐怖を特定するだけで――それを口にするだけで――しばしばあなたを抑えつけている圧力が消えるものです。

次に、**「最悪の恐怖が最も恐ろしい形で実現したらどうなるのか？」**と自問してみましょう。たとえば、「いいや、たとえ死んでもおまえのとこの商品なんか買わないよ」と真っ向から拒絶されてしまう、とか。あなたは傷ついて、立ちなおれないでしょうか？　だいじょうぶ、立ちなおれます。ミスを冒したらどうなるのか？　愚かに見えたり間違った決断をしたらどうなるのか？　そういうことは以前にもやってきたし、またふたたびやらかすでしょう。惨めな気分にはなるかもしれませんが、それですべてが終ってしまうわけではありません。どのような恐怖であれ、その恐怖を最大限まで拡大してみてください。

起こりうる最悪の事態を考えましょう。それも乗りきれるはずです。時には、グズなせいで惨めに落ちこんでいるよりは最悪の事態のほうがまだましだったりすることもあるのです。

恐怖の正体を暴き、そして、その恐怖を拡大してそれでも乗りきれると心に決めることです。さらにそこから学べば、グズグズと先延ばししてきたことに着手できるようになり、あなたの人生をきちんとコントロールするきっかけがつかめるのです。

賢者のひとこと

完全主義は最善を求める探求では断じてない。完全主義とは、われわれ自身のなかに潜む最悪なもの、すなわち、われわれがやることは永遠に不充分で、もう一度やりなおすべきだと語りかける部分、それを追求することだ。

——ジュリア・キャメロン（英国の写真家）

誰にもあら探しできないほど最高のできばえになるまで待っていれば、人間は何ひとつできないだろう。

——ジョージ・フィッシャー（英国の登山家）

恐怖を克服するひとこと

恐怖に負けて希望の追求をためらってはいけない。

——ジョン・F・ケネディ（米国第三十五代大統領）

するのが怖いということは、次にすべきことをはっきり示されているのだ。

——ラルフ・ウォルドー・エマソン（米国の思想家）

恐怖とは、真実らしく見える偽りの期待、と綴る。
FEAR is spelled
False
Expectations
Appearing
Real

——作者不詳

決断をするひとこと

安全とはほとんど迷信にすぎない。自然界には存在しないのだ。人生は大胆不敵な冒険か、さもなくば無である。

——ヘレン・ケラー

どんな決断のときも／あなたにできる最善のことは正しい決断／次に最善なのは誤った決断／最悪なのは、何も決断しないことだ。

——セオドア・ローズヴェルト（米国第二十六代大統領）

【実習コーナー】

①あなたがいま、先延ばしにしている事柄を五つあげてください。

（　　　　　　　　　　　　　　　　　　　　　　　　　）

②五つあげた項目について、あなたをためらわせている「恐怖」をそれぞれ書いてください。

（　　　　　　　　　　　　　　　　　　　　　　　　　）

③全般的に見て、あなたのグズを引き起こしていると思われる「恐怖」はなんですか？
思い当たるものをあげてください。

（　　　　　　　　　　　　　　　　　　　　　　　　　）

④あなたが作成した「先延ばしにしている一〇一の項目」リストを参照して、そのなかから最もやりたいことを十項目選んでください。

（　　　　　　　　　　　　　　　　　　　　　　　　　）

◆その十項目は、先にあげた五つの項目とは違いますか？

◆それらを先延ばしにしているうえで完全主義がどのように関わっていますか？　あなたは完璧なタイミングや状況をずっと待ってきたのですか？

5 「全部やりたい」――グズの願望

皮肉な話ですが、物事を先延ばしにする理由のひとつとして、すべてをやりたいからというのがあります。すべてをいっぺんにやりたい。つまり、不可能を求めているのです。

〝全部やりたいグズ〟のなかには活力と野心にあふれた人がいますが、彼らを駆りたてるのは必ずしもお金ではありません。出世コースを突き進む人。〝リストラ〟を切り抜けるために二、三人分の仕事を必死にこなす人。しかし、〝全部やりたい〟人たちには、仕事を離れたあともプレッシャーや死に物狂いの気分がつきまといます。家でもやることは山のようにあって、ブリーフケースには書類がぎっしり詰まっているのです。

でも、家族のために割く時間はない。

友人のために割く時間もない。

楽しむ時間もない。

人生のための時間もない。

こんなかわいらしい話があります。一年生の女の子が、どうしてママは会社のお仕事をどっさり家に持ち帰るの、と父親に尋ねました。ママは会社で仕事を片づけられなかったからだよ、と父親は説明しました。六歳の娘はこう言ったのです。「そう、じゃ、のんびり屋さんたちのグループに移ればいいのにね」

そういうわけにもいかないでしょうが、**〝全部やりたいグズ〟の人は、なぜそんなに忙しいのか自問してみる**価値はあります。この時代、忙しいというのは新しいステータスシンボルなのでしょうか？

「あなたはそれで忙しいつもりでしょうけどね、このわたしがどれだけてんてこまいしてるか話してあげるわ」――夫に、そう迫る妻もいます。わが子の活動をひとつ残らず書き連ねたクリスマスカードを受け取ったことはありませんか？「息子も忙しい子で……」とか「娘はいつも本当に忙しくしていて……」といった親のコメントがついています。まるで多忙は成功した証のようです。「この多忙ぶりを聞いてもらえば、ぼくがどれほど成功しているかわかってもらえるだろう」と言わんばかりに。

あなたは〝超〟関心グズか？

たえず新しい活動に心惹かれるせいで仕事への着手や完了を先延ばしにする人がいます。こういう人びとはいわゆる〝超〟関心と生来の熱中癖を持ち合わせているのです。この夕イプのグズな人は、関心のある事柄に頭からのめりこんで夢中になるものの、やがて途中でもっとおもしろいものに惹かれてしまいます。

ある成功した会社の社長を務めるドティはこのタイプのグズです。「わたしは子供のころからおかしなくらい高感度な関心の持ち主なの」と彼女は言います。「パッとギアが入って興味のあるものに関心が向くと、ものすごく熱狂的になって、ほかのことはいっさい考えないし耳にも入らないし気づきもしない。先生に呼ばれようと何をされようと全然ダメ。おもしろい本を読んでると、ほかのことはこの世に存在しなくなっちゃうのね。でも、ふとほかのことに心惹かれると、今度は〝超〟関心がそっちへまっしぐらに突き進んでいく。あげくに最初の本はきれいに忘れてしまうの。その結果がグズだったわ」

〝超〟関心はあなたの人生を大きく左右します。すばらしくおもしろいアイディアと取り組んでいる途中で、もっとおもしろいアイディアと出くわすため、あなたはたくさんの仕事をいっぺんにかかえこんでしまいます（しかも、どれひとつとして完了しない）。

あなたのカレンダーは、デイトの約束やミーティング、会合、パーティー、講習の予約でぎっしり埋まっている。いつも一度に複数の本を読んでいる。仕事中にテレビやラジオがついていることもあるでしょう。会話でも話題がころころと変わり、どの話題も中途半端で終わってしまう。こうした行動パターンは興奮に満ちた爽快な人生につながり……疲

〝超〟関心グズを見分ける4つのポイント

① 何かに夢中になっていると、周囲の出来事にまったく気づかなくなる

② 仕事をやっているさいちゅうに電話に手を伸ばしたり別の仕事を始める

③ 活動に対する興味が長続きしない。たとえば、熱心に家庭菜園を始めても、収穫期を迎えるころには熱が冷め、せっかくの野菜がそのまま腐ってしまう。あるいは、家じゅうに未完成の手工芸品や趣味の品、使っていないスポーツ器具や楽器などが転がっている

④ デスクやダイニングテーブルはさまざまな書類の束や箱でいっぱいだが、その散乱状態のなかからあらゆる品物を見つけだすことができる

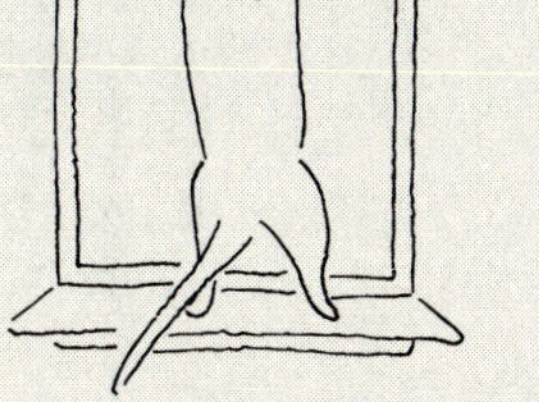

労困憊した人生にもなります。

皮肉なことに、ものすごいがんばり屋さんとかやり手と言われる人には、えてしてこの〝超〟関心と生まれながらの熱中癖が見受けられます。その関心があちらこちらへ飛ぶため、たくさんの仕事や計画が未完成で終わるのです。このタイプにあてはまるからといって、始めた仕事を完了するために、新しい物事に対する好奇心や熱意を抑えこむ必要はありません。

たとえば、当面の仕事に集中するにはタイマーをセットすればいいのです。あるいは、別の仕事と取り組んでいるときに新しい仕事やアイディアを思いついたら、**新しい仕事への着手を今の仕事を終えた後のご褒美にしましょう。**こうした手法や本書で述べるアンチグズの戦略を使っていけば、ほかのことに関心を奪われたときに現在の仕事を放棄するのではなく、その仕事をこつこつ続けたり、あるいは、忘れずにまた戻る方法が身につくでしょう。

「何もかもはできない」と自分に語りかけよう

もしあなたが〝全部やりたいグズ〟であれば、効果的な解決策は自分に語りかけることです。べつに声に出す必要はありません。ギアが高速に入ってしまったと思ったら、何もかもはできないんだと自分に言い聞かせましょう。そろそろ選択するときです。誰かに任せるとき、何かを削るとき、優先順位を決めるとき、「これを完了させることが重要なんだ。もう一方はあとまわしにするしかない」と自分に語りかけましょう。

子供たちがまだ幼かったころ、わたしは専業主婦で、ひとり分の給料で生活する大半の家庭と同じようにわが家の暮らしもあまり楽ではありませんでした。支払いにまわすお金がないと、具合が悪くなるほど心配で不安になったものです。やがて、経済状態が最悪になったとき、サーディの『薔薇園』の中にある『魂を養うヒヤシンス』という詩に出会いました。

品物が奪われ
心細い蓄えには
二個のパンしかなければ
一個を売り、その金で
魂を養うためにヒヤシンスを買うとよい

この一編の詩のおかげでわたしはバランスを取り戻したのです。この詩は人生の哲学となり、請求書の支払いが手持ちの現金を超えるたびに、わたしは〝自由日〟を作って動物園や美術館にでかけたり、ピクニックのお弁当をこしらえて、たとえ破産しても魂を養うためにヒヤシンスを持たなくてはいけないのよ、と子供たちに説明したものです。

やがて歳月がたち、いつしか——わたしにとっては——時間がお金と同じくらい足りなくて貴重なものになっていました。そのころのわたしはまるで車輪のなかでひたすら走るハムスターのような気分でした。立ち止まったり計画したり休憩する時間がなかったのです。まさに車輪から飛び降り、家族と接したり単なる休憩でもいいからひと息入れなくてはならない時期でした。子供たちにはそれがよくわかっていました。家庭内での物事が猛烈にスピードアップしはじめると、「そろそろ魂を養うヒヤシンスがいるんじゃないの」とひとりが言いだし、そこでわたしたち全員がハムスターの車輪から降りてふたたび人間になったものです。

わが家では家族が増えるにつれてこの哲学が広がっていきました。息子のロブがミシェルという素敵な若い女性と結婚したときのことです。結婚式の一週間前、ロブとミシェルとわたしの三人はピクニックバスケットを持って湖畔を歩いていました。十月の晴れわたった一日でした——輝くような青空、深紅や黄金色に色づいた木立、さわやかな秋の空気。

まもなく花嫁となるミシェルは足もとに目を落としながらこうつぶやいたのです。「結婚式まであと六日。やらなきゃいけないことが山ほどあって、すべてのリストを一枚にまとめた巨大なリストまであるというのに、こうやってピクニックなんかに来てるんですよ。そのわけをお母さまが説明してくださるからって、ロブが言ってますけど、ヒヤシンスに関係があるみたいですね」

わたしは笑いながら詩について説明し、その意図を伝えると、ピクニックを続けました。リフレッシュして生き返るような午後のひとときになりました。結婚式の準備に追われる最後の数日間、集中力と心の安定感が増したように感じられたとミシェルは言いました。招待状の返信や式次第の確認などの細かい雑事より、ロブとの結婚そのものに焦点を当てることができたのです。

二年後、ロブとミシェルにはコナー・パトリック・エメットという男の子ができました。コナーが三カ月になるころ、ミシェルは赤ん坊のさまざまな世話に没頭しつつ、看護学校の受験準備も始めていました。そんなとき、コナーを連れて公園で一緒にピクニックランチをしませんか、という誘いの電話があったのです。「でも、ミシェル、あなたは勉強や赤ちゃんの世話や何やらでとても忙しいでしょうに」

「ええ。でも、ひと息入れてるところなんです。ヒヤシンスの関係でね」

彼女にはちゃんとわかったのです！　読者の皆さんにもわかっていただけるでしょう。やることが多すぎて、もう手も足も出ないと追いつめられたような気分になったら、そのときこそ立ち止まり、ハムスターの車輪から降りてあなた自身を再生させるのです。

会計検査官のドロレスは数人分の仕事をこなし、猛烈に忙しい日々を送っていますが、「わたしにはおそらく七、八十年の人生がある。今のこの活動はとりあえず延期せざるをえないけど、いつかまたこのグループに参加したりこの技術を学んだりこのプロジェクトを始める日が来るだろう」と自分に言い聞かせているのです。このように自分自身に語りかけることで彼女は正気を保ち、人生のストレスを軽くしています。全部やりたいと思うのはかまいません――いっぺんに何もかもやることはできないのだとたえず自分に言い聞かせているかぎりは。それでも、時には「ノウ」と言うことを学ばねばなりません。

多くの場合、**圧倒されるほどかかえこんでしまうためにグズが起こり**ます。忙しすぎるし約束が多すぎる。もしあなたが〝全部やりたいグズ〟であれば、あなたは人生を愛し、最大限に充実した人生を送りたいと熱望しているのです。思い浮かぶアイディアのひとつひとつが魅力的に見える。あらゆる理由に価値があると思える。あらゆる活動がおもしろそうだ。すべての人びとから必要とされている。だから、あなたはすべてに「イエス」と言ってしまい、こなしきれないくらい多くのことに関わり……そのあげく、グズになってしまうのです。

「ノウ」と言う勇気を持とう

悪循環を断ち切る第一歩は限度を決めることです。自分の手に余るほど依頼を受けたら、「その価値ある理由に時間を割きたいのはやまやまだが、今は無理なんだ」と答えましょう。あるいは、「その集まりにはぜひ参加したいんだけど、今月はもう無理なのよ」、と。

なかにはわざわざ削るほど予定があるわけではない人もいるでしょうが、そういう人は**カレンダーに「ノウと言う日」を作る**だけでも効果があります。ある一日（あるいは、一日のうちの一部）を空けておき、仕事などを仕上げるために使うのです。やがて、彼らはその空白日にぶつかるような招待や活動は断わるようになります。

あとまわしにしておいた家じゅうのこまごました雑用を片づけるために、この空白日を利用する人もいます。また、企画作りや再評価、目標設定に使う人。もちろん、リラックスしたりバーンアウトを防ぐために使う人もいます。

恐ろしく多忙なスケジュールを守りつつ、なおかつ時間をきちんと管理し、グズを引き起こさない人びとの大半は、マイペースの調整を身につけています。一日のなかで休憩を取ったり、毎週定期的に空白の時間を設けたり、あるいは、仲間とつきあったりくつろいだり、充電に役立つことをするために時間を割くのです。

次のような態度からバーンアウトは起こります。

◆マイペースで調整しない
◆人生のバランスを取ろうと努力しない
◆その必要があるときに「ノウ」と言わない

マリアは時おり好んで午前中や午後を空白時間にあてています。その時間帯にはなんの予定も入れません。彼女は家のなかやデスクを見まわしたり、リストを検討したり、コンピューターに向かったり、とにかく必要だと思われることをやります。彼女のお気に入りはクリスマスの翌日。単に充電のためにいつもその日を空けておきます。空白日が待っていると思うだけで、クリスマスの準備に全エネルギーを注ぐことができるのです。「今は疲れているけど、なんとか今夜じゅうにこれを片づけてしまおう。次の日はまるまる一日空いているんだから」とマリアは自分に語りかけるのです。

もしあなたが〝全部やりたい〟タイプであれば、最初のうちはなかなか「ノウ」と言えなかったり、自分のために時間を空けるのがむずかしいかもしれませんが、実際にやってみればだんだん楽になってきます。気軽に「ノウ」と言えるようになればなるほど、時間と人生に対するコントロールができるようになり……グズがどんどん減っていきます。

「ノウ」と言う価値について娘のケリーが学んだあるレッスンが印象に残っています。ある晩、八時間におよぶタイムマネジメントのセミナーを終えて帰宅してみると、ケリーがテーブルで一枚のリストとにらめっこをしていました。彼女は高校に入ったばかりで、いくつかの課外活動に参加していたのです。彼女は落胆していました。すべてをやりたいと思っていたのに、実際にはそれだけの時間がないとわかったからです。そこで、自分が参加しているグループを一覧表にまとめたのでした。

「ママ、あたし、超忙しいのよ。どれかやめなきゃ」

わたしは終えたばかりのセミナーの興奮が残っていたので、娘にこう言いました。「ケリー、それってすごいじゃないの！　タイムマネジメントのキーポイントをあなたはもうつかんだのよ。わかっていない人が多いんだけどね、ものすごく忙しいときでもたいていは選択の余地があるものなの。その気になればいくつかの活動に『ノウ』と言えるのよ」。

そこへ息子のロブがふらりと入ってきて、驚いた顔を見せました。

「ねえ、ママ、それがタイムマネジメントの秘訣なのかい？」

「そう」

「ものすごく忙しいときでも選択の余地があるってこと？　活動に『ノウ』と言えばいい？」

「そう」

「それをママはセミナーでみんなに教えてるわけ？」

「そう」

「なるほど……それだけのことを教えるのにどうして八時間もかかるの？」

申し分なく無駄な午後を申し分なく無駄に過ごすことができれば、あなたは生き方を身につけたことになる。

——リン・ユタン（哲学者）

心の底から「イエス」と叫びたいものがあるのなら「ノウ」と言うのはたやすい

——作者不詳

一時間、湖畔にすわって何もしないでいられる。わたしにとっては夢のような時間だ。私の魂が整う。

——ダイアン・ソーヤー（米国のジャーナリスト）

時間とは人生を創る材料だ。

——ベンジャミン・フランクリン（米国の政治家、科学者）

たえず何かをして／めまぐるしく／時間が過ぎているなら／ひと息ついて横になり／何もしない時間を味わわなくては

——リタ・エメット

もっと速く進むために時には速度を落とさねばならない。

——アン・マギー・クーパー（米国の著述家）

【実習コーナー】

もしこの世の時間をひとり占めにして、何ひとつ誰ひとりあなたの時間を要求することがなければ、

◆あなたは最初に何をしますか？
◆次に何をしますか？
◆その次に何をしますか？
◆それらをやりとげたらどんな気分になるでしょうか？

【補習】（今回は抜き打ちのテストです）

① ほかの人の問題が常に最優先だから、自分の人生で重要なことはあとまわしにしてしまう
はい　いいえ

② あまりにも多くのことに関わり、そのどれも充分にできるほどの時間がなく、いつも圧倒されたような気分になる
はい　いいえ

③ ほかの人は時間管理のためにさまざまなものを必要としているが、自分には必要ないと思っている
はい　いいえ

④ 予定を入れすぎているために家族や愛する人に迷惑をかけている
はい　いいえ

⑤ たいして重要でもないことに手を着けていて、そのために自分の財政や人間関係や健康や職業にとって重要な仕事をあとまわしにしている
はい　いいえ

⑥ あまりにも多くの〝楽しい〟イベントに「イエス」と言うため、それらがすっかり重荷になり、今では楽しくない

はい　いいえ

⑦予定を入れすぎているために、気分的にばらばらになったり逆上したり疲れ果てることがよくある

はい　いいえ

⑧何かを見逃すのが不安なあまり、あらゆることに「イエス」と言ってしまう

はい　いいえ

⑨以前は喜んでつきあっていたが、今ではもう楽しくない人びとやグループと一緒に時間を過ごしている

はい　いいえ

結論：これらの質問のどれかに「イエス」と答えたのであれば、あなたのグズの問題解決は、いくつかの依頼に「ノウ」と答えることから始める必要があります。

6 「誰か、助けて！」──グズの矯正

グズになる大きな理由のひとつとして、あれもこれもで手いっぱいになり、圧倒され、手も足も出なくなることが挙げられます。やらなければならないことが怒濤《どとう》のように押し寄せて、それだけで気分がぺしゃんこになってしまうのです。あまりにも雑用が多すぎたり、ひとつの仕事があまりに巨大だったり複雑だったりすると、それだけで身動きがとれなくなってしまいます。考えるのをやめ、決定するのをやめ、何もしなくなってしまうのです。

たとえば、学生は試験勉強をしたり、いくつもの宿題が重なったりすると、圧倒された気分になるでしょう。ビジネスマンなら新しいプロジェクトを起《た》ちあげたり重要な会議の準備をするとき、圧倒されそうに感じるかもしれません。販売員は自分に割り当てられた売り上げ目標を見て、「この数字を達成するために、いったいどれだけのことをやらなければいけないのかしら？」と不安になります。

家庭で圧倒されるような仕事とは、書類の山を片づけることであったり、あるいは、単に家族や友人とのおつきあいだったりします。新しい家に引っ越したり休日を有意義に過

ごすと考えただけで、手に負えなくなる人は大勢います。あるいは、確定申告の準備のように特定の季節に巡ってくる仕事もあるでしょうし、毎日毎日、大量の雑用に圧倒される場合もあります。どんな仕事であれ、気分的に圧倒されると、わたしたちはしばしば無気力になり、何もしなくなってしまいます。

実際、今でも仕事が手いっぱいで圧倒されているかもしれません。目前に迫ってくるプロジェクトをすべてこなすだけの時間やエネルギーを持ち合わせている人間など、おそらく誰ひとりいないでしょう。こういう問題に対処する秘訣は中国のことわざに隠されています。つまり、「千里の道も一歩から」。たった一歩を踏みだす時間とエネルギーなら見つかります。

ただし、踏みだす前に、どこに向かって旅を進めたいのか、そこへ進むにはどれだけの歩数が必要なのか、事前にしっかり決めておく必要があります。

もし千里の道を進むつもりなら、目的地がわかっていなくてはならないし、ルートを決めるための地図が必要だし、旅行手段も知っておく必要があります。さらに、旅の計画を進める過程で、その旅行がいくつものミニ旅行から成り立っていることも自覚しましょう。第一日めはA地点からB地点までの旅を計画し、次の日はB地点からC地点、という具合に進んでいくのです。

仕事を細かく分割する

大きすぎるプロジェクトに含まれる小さな仕事をすべて書きだして、ミニ旅行のリストを作りましょう。そのリストじたいがすごいようであれば、さらにそれをいくつかのリストに分けましょう。あるいは、メモ書きした紙切れがデスク一面に散らばっているなら、それらを一枚の用紙にまとめます。

リストのグループ化は日付順に行ないましょう。今週、来週、そして、再来週にどれだけのことをやらなくてはいけないのか？　この時点で優先順位をつけることができるだろうか？　何もすべてがAランクというわけではありません。なかにはCもあるはずです。あるいは、電話連絡、デスクワーク、調査、外まわりなどそれぞれ別のリストにまとめてもいいでしょう。

大きなプロジェクトを構成する小さな仕事をすべて確認したら、今度は〝一歩〟を踏みだすことに専念します。リストにあるひとつの項目に集中しましょう。それが片づいたら、ほかの〝一歩〟をリストから捜します。ひとつひとつの仕事をすべて片づけるのは無理だとわかったら、簡素化したり人に任せたり、あるいは、削除できる仕事はないか、検討すればいいのです。省いてもプロジェクトに支障のない仕事はありませんか？　さあ、これでプロジェクトを少しずつこなしていく準備が整いました。**いいですか、一度にひとつの仕事です。**

不動産仲介業者のシャロンによれば、不動産屋が家を売るのはいたって簡単なことだと大勢の人びとが考えているそうです。単に買い手を見つけ、ローンが組めるように手助けし、不動産売買の最終決済手続きを見届ければ、それでおしまい。そのため、現実を知らない新参の不動産業者がいざ仕事を始めると、あまりにも煩雑なことばかりですっかり圧倒されてしまうのです。

シャロンのオフィスでは従業員ひとりひとりに、売り家の登録後にやるべき事柄をまとめた一覧表を渡しています。このリストには七十五段階のステップが含まれ、多数の不動産情報サービスに物件を登録するこまごました手続きから、看板の立てかたや査定価格の設定法、最後の実地説明まで網羅されています。このリストのおかげで何ひとつ忘れることなくすべての作業が円滑に進み、なによりも従業員の気持ちにゆとりができ、一歩ずつ進んでいくことができるのです。

もし大きなプロジェクトが何度も繰り返すようなものであれば、使ったリストは捨てずに取っておきましょう。シャロンの会社のように何度でも使えばいいのです。出張の多い

もっと能率的に働くための12のヒント

① アイディアを書き留める。どんなに記憶力に自信があっても、それに頼ってはいけない

② 毎日の仕事を始める前に優先順位を決める

③ 最優先の仕事には生産性の高い時間帯を割り当てる

④ 時間のかかる仕事は段階的に取り組む

⑤ 過密スケジュールを組まない。毎日、約束の入っていない自由な時間を残す

⑥ 一度にひとつの項目を集中的にこなす

⑦ 休憩を取る。歩きまわる。ストレッチをする。デスクから離れたところで昼食を食べる

⑧ あらゆるものの場所を確保する。さまざまなアイテムを分類し、ファイルし、近くに保存する

⑨ 書類仕事をどんどん片づける

⑩ 訪問客に制限を設ける

*招かざる客を立たせておくために、余分な椅子に荷物を 積み上げておく

*おしゃべりな客から電話があったときは、受話器を取るなり、話す時間が数分しかないと告げる。用件は何かとていねいに訊く

⑪ 当面の仕事とは関係ない書類は、すべてデスクから片づける。これで書類の紛失や取り違えが防げる

⑫ ひとつの書類は一度しか扱わない

ビジネスマンがよく口にすることですが、〝持ち物リスト〟を作っておけば、荷造りのたびに襲いかかる重苦しさがなくなります。

リスト、リストのない人、リストをなくす人

「君、ゼルダに電話して、例の見積もりを訊いてくれたかい?」

「あ、そうだ、すみません。すごく忙しかったもんで……仕事が山のようにあるんですよ。しかも、うちの家族がごたごた続きで。時間がなかったんです」

この手のくどい言い訳はよく耳にします。ひょっとしたら、あなた自身がひとりごとのようにつぶやいているかもしれません。しかし、実際はといえば、電話連絡（あるいは、頼まれた用事）を怠ったのは忙しすぎるからではなく、忘れたからなのです。

では、なぜ忘れたのでしょう?　〝やること〟リストに書いておかなかったから。それだけのことです。

次のような理由からリストは重要です。

◆やるべきことを忘れない

◆頭を整理できる
◆目録代わりになる
◆動機づけに役立ち、方向性がわかる
◆目標の設定に役立つ
◆優先順位の決定に役立つ
◆集中力が途切れない
◆やりとげた項目に線を引いて抹消すると満足感が味わえる
◆視覚化に役立つ
◆思考が整然とまとまり、明快になる（そして、漠然とした一般論から個別的なものに移行できる）

リストを作らない人びとのなかには、朝起きたときや職場に現われたとき、「今日は何をしようかな」と言う人がいます。そういう人びとは電話が鳴るのをじっと待ったり上司の指示を待ち、そこでやっとその日一日の予定がわかるのです。彼らは危機から危機へとふらふら移動します。〝火を消す〟のに一生懸命で、火事を防ぐ努力はしません。優先順位も何もないため、重要でもない仕事に時間をかけながら、「やることが多すぎる」とぼやいているのです。

リストがないのは非能率的で非生産的な生きかたです。**リストを作るときは、本当にやらなくてはいけないことを具体的に**書きましょう。

とはいえ、どんなにすばらしいリストでもなくしてしまえば役に立ちません。リストをなくす人は、巨大な紙やちっちゃな紙切れやくしゃくしゃの封筒、預金伝票の裏などにリストを書きます。彼らのリストは生活の場に散乱しています。作業場に散らばっていたり、財布やバッグに押しこんであったり、車のなかにしまったり。彼らは精魂を傾けてありとあらゆることをリストに記録するのですが、肝心のリストをどこに置いたか思いだせないのです。

どうしてリストを書いてはなくすというような人生を送るのでしょう？　それは根本的にきちんと整っていないからです。リストを置く場所を指定し、必ずそこに戻しましょう。冷蔵庫の決まった場所にリストを貼る人もいれば、特定の引き出し、財布やバッグ、デスクの上、あるいは、パソコンのなかに保存する人もいます。場所はどこでもかまいません。肝心なのは、**いつもそこに片づけ、いつもそこで見つかる特定の場所を決める**ことです。

大所帯や家事の切り盛りに忙しい人びとのなかには、毎日の〝やること〟リストを決まった場所に隠している人もいます。六人の子供がいるあるお母さんは、キッチンキャビネットの最上段の棚の、グレービーソース入れと壁のあいだにリストをはさんでいるそうです。ずいぶん使い勝手の悪そうな場所ですが、彼女はこの十五年間、そこでうまくやってきたと言っています。それまでは、子供たちがいつもリストを動かしたり置き間違えたり、紙切れ代わりに使っていたのです。

聖書のページのあいだ、プラスティック製の保存容器、ポータブルテレビの下、冷蔵庫の上、実にさまざまな隠し場所があります。手帳があるなら、まずリストを書いて検討し、それから手帳に書きこみます。要は、決まった場所を見つけ、毎日、リストを書いては参照することです。リストの管理と保護が習慣になるでしょう。**悪い習慣だけでなく、よい習慣も簡単に身につく**ものです。

置き忘れたり捨ててしまいやすい小さな紙に書いているためにリストをなくすのであれば、解決は簡単です。大きめの紙を使いましょう。メモパッドを使うという手もあります。メモパッドならあらゆる色がそろうので、一色をあなた専用の色と決めれば、「青い紙だわ。きっと、モーリーンのリストね。触っちゃだめよ」とほかの人が気をつけてくれるかもしれません。わたしの夫ブルースはクリップボードを使っています。それも法定サイズ(22×36㎝)で色は赤。家のなかでごろごろしているのはちょっと妙ですが(クリップボードの話で、決して夫のことではない)、大きな赤いクリップボードはそう簡単にはなくせません。

リストの紛失を防止するにはらせん綴じ《スパイラル》のノートが最適です。もちろん、これでもなくすことはあるでしょうが、ちっぽけな紙切れよりはずっと見つけやすいものです。あなたの細かいリストや一日分の電話のメッセージをすべて、ノートの一ページにまとめる習慣をつけましょう。

環境工学専門のルースは職場でデスクのいちばん上の引き出しにノートをしまっています。留守中に電話の伝言がたまっていた場合、彼女はその名前と電話番号をノートのリストに書き写します。こうすればデスクまわりに雑然とメモ用紙が散らかることもなく、小さな紙切れの山がもたらす混乱のイメージから解放されます。

スパイラルノートを使うと決めたら、リストのいちばん上に日付を書き入れて、すべての項目に完了の印がついてもページを破らずに残しておきましょう。時どきページをめくって今までにやりとげた内容を確認すると、すばらしい爽快感が味わえます。それに、「あの電話、掛けたかしら?」と思ったら、過去数ページ分をめくって、その電話連絡の項目に電話済みの印がついているかどうか確かめればいいのです（さらにおまけ。電話番号を控え忘れ、また電話を掛けなければいけなくなっても、あなたのノートにちゃんと番号が残っています）。

エメットの法則　紛失

いつもきまって同じものを探しているとすれば、
それはおそらく、そのための特定の場所がないからださて、新しいリストを作成するたびに、古いリストから同じ未完了の項目をいつも引き継いでいるとしたら、どうしますか？　そう、そろそろ決断のときです。今日やるか、あるいは、やる日時を決めてカレンダーに印を付けるか、それとも、やらないと決めるか。リストの項目を引き継がないと決めたら、その横に「削除。非優先事項」と書きます。これはふたつの点で役に立ちます。まず、今までにやったことを振り返ったとき、混乱することがありません。完了したから消したのか、やらないと決めて消したのか、迷わないですみます。第二に、一週間か二週間後、その項目をやったかどうかチェックしたとき、やらなかったからといって気がとがめることはまったくないのです。「削除。非優先事項」という記載を読めば、使える時間と優先順位に基づいてあなたが的確な決断を下したとわかるのですから。もちろん、時に応じて状況は変わります。もし急にその項目をやらねばならなくなったら、そのときはあらためてリストに加え、その日いちばんに着手すればいいのです。

リストをなくす人にならないためのヒントをいくつかご紹介しましたが、リストをなくすのはだらしないせいだけではないのです。あなたは人と調子を合わせるために（もしかしたら、あなた自身を満足させるために）リストを作り、そのあと、一種の反発としてリストをなくしていませんか？　そこに書かれた項目はひとつもやりたくないから――やるつもりがまったくないから――リストを捨てるのでは？　それって、ずいぶんばかげたゲームですよね。次の質問に答えてみてください――**あなたがそのリストをなくすことで、誰が困っているのですか？**

ポータブル・プロジェクトセンターを作る

時には、一枚のリストを書くだけではすまない仕事がめぐってきます。複数の相手から価格の見積もりを取ったり、領収書を保存したり、たくさんの情報や書類を集めなければならないプロジェクトであれば、その場合はポータブル・プロジェクトセンターを作りましょう。

このセンターの設備は、ポケット付きのフォルダーとスパイラルノート一冊です。肝心なのは、一緒に使いやすいように両方とも同じ色でそろえることです。使わないときはノートをフォルダーのなかにしまっておきます。そして、あなたのプロジェクトに関係のある情報をひとつ残らずフォルダーのポケットに入れるか、ノートに書き留めます。仕事や私生活には手に余る大きなプロジェクトがいくつもあるでしょうから、それぞれに色の異なるフォルダーとノートを用意します。

たとえば、パディは何カ月もかかる自宅の大改装にこのシステムを利用しました。子供たちから冷やかされるくらい、いつも「おい、誰かパパの緑色のフォルダーとノートを見なかったか？」と叫んでいたそうですが、日曜大工のプロジェクトとしては今までで最も能率的に仕事をこなすことができた、と彼は言っています。

コツとしては――これは絶対に必要なことですが――フォルダーをしまう安全な場所を見つけ、必ずそこに戻す習慣をつけること。そして、あらゆるデータをこのポータブル・プロジェクトセンターに入れます。ノートのページのいちばん上に日付を書き、〝やることリスト〟を作成します。リストが終了してもそのページを捨ててはいけません。完了済みの項目にチェックマークを付けるだけです。ページの裏には重要な電話番号を記録しましょう。電話番号を書き留めた小さな紙切れを取っておいてはいけません。（もうおわかりでしょうが）それではメモ用紙の山に圧倒されてしまうだけです。

領収書、図面、パンフレット、写真、雑誌やカタログから切り取ったページ、グラフ、見積もり、あなたのプロジェクトに関係のあるものをすべてフォルダーのポケットにしまいます。ただし、ほかのプロジェクトの情報を混ぜてはいけません。そちらのプロジェクト用には別のフォルダーとノートを買いましょう。同じ色でそろえることを忘れずに。

こうすれば、職場から自宅へ、あるいは、ひとつの場所から別の場所へプロジェクトの

グズを克服するための　おすすめ書類整理グッズ

メモ用紙代わりに
スパイラルノート

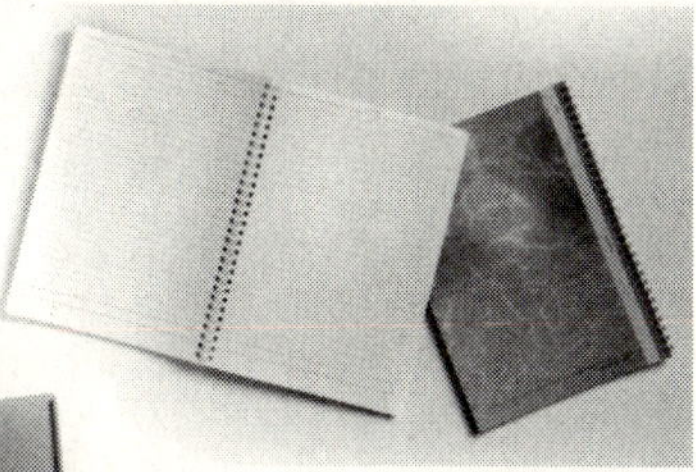

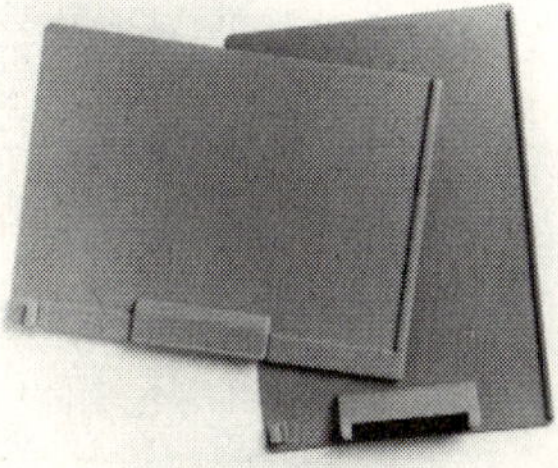

リストやメモの保存には
クリップボード

とりあえずの書類の収納には
透明ファイリングキャビネット

書類の分類・整理に最適な
ハンギングファイル付き
プラスチックボックス

情報を運ばなくてはならない場合でも、携帯に便利なひとつのパッケージにすべての情報が集まっているのです。プロジェクトと取り組むあいだは頻繁にリストを参照しましょう。ただし、一度に〝一歩〟、一度にひとつずつ片づけていきます。そして、仕事を片づけるたびにリストの項目にチェックマークを付ける満足感を楽しんでください。

大企業で渉外部長を務めるジョージアは、毎年、彼女が企画およびコーディネートを担当するふたつの会議用に、それぞれポータブル・プロジェクトセンターを利用しています。まずは同じ色で合わせたポケットフォルダーとスパイラルノートを用意し、すべての材料をそこにまとめます。会議のテーマに関するアイディアリスト、候補となる会議場のパンフレット、本会議と小会議のプレゼンター向けの資料、ノベルティ、広報のアイディア、登録用データ、名札、リストや電話番号、連絡等のメモはすべてノートに書きこみ、領収書などはポケットフォルダーに収めます。彼女が特に気に入っているのは、自分のプロジェクトが携帯可能《ポータブル》だという事実です。ファイルをブリーフケースに入れてどこへでも持ち運べます。必要な情報がいつでも手もとにあるわけです。

ジョージアは〝やることリスト〟もノートに記録しています。毎日やりとげたことにひとつひとつチェックマークを付けていくのが楽しみなのです。バーンアウトしそうな気分になると、過去のリストを読み返し、自分が成し遂げてきたことを振り返ります。

会議が終わると、ジョージアはすべての資料をファイルに保管します。ノートごとに整理するわけですから、ファイルキャビネットを開ければ、ファイルのラベルだけでなくノートの縁の色でも識別ができます。その色がひとつのきっかけになる、と彼女は言います。やがて時間がたち、記憶のなかでそれぞれの会議の特色がぼやけてしまっても、何かを探すためにキャビネットの引き出しを開けて、中身を調べるうちに、急にそれがよみがえるのです。「そうだ、思いだした。黄色いファイル。テキサスで開いた会議だわ。五年前」という具合に。ファイルを保管してしまうと、ジョージアは別の色で新しいポータブル・プロジェクトセンターを始め、次の会議の準備に向けてふたたび活動しはじめるのです。

リストを書くベストな時間は？

リストを書く――あるいは、何をやりとげるにせよ――ベストな時間は、あなたが朝型人間か夜型人間かで変わってきます。

朝型人間は目を開けてベッドから降りたとたんに覚醒《かくせい》します。おしゃべりし、歌を歌い、タップダンスで家のなかを動きまわります。ところが、夜の八時半から十時ごろになると、まるでしおれたペチュニアのように元気がなくなり、非活動的になります。その日一日の生活が終了したのです。

夜型人間もやはり目を開けてベッドから出ますが、すぐには覚醒しません。生気がみなぎるまで時間が必要なのです。コーヒーカップの取っ手にしがみつき、カップに導かれるようにあたりをうろつく人がいます。不満そうにつぶやいたりうめいたり、人には目もくれず、周囲の混乱などにはおかまいなしで、ただ黙ってすわりこんでいる人もいます。朝刊の陰に隠れてしまう人もいれば、浴室に引きこもってしまう人もいるのです。

しかし、しおれたペチュニア、つまり、朝型人間がだらしなく意識朦朧《もうろう》となっていく午後九時ごろ、夜型人間はいきなりぱっちりと目を開け、全身にエネルギーが駆けめぐり、明るく期待に満ちた表情で「さあ、これからがんばるぞ！」と叫ぶのです。皮肉なことに、たいていは朝型人間と夜型人間が結婚します。

朝型人間は朝いちばんにリストを作成するのが得意ですし、夜型人間は何をするにも朝はまったく不得意です。システム・アナリストのジムは夜型人間なので、退社前、最後にやる仕事は翌日のリストを作ることです。翌朝、出社したとき、そのリストのおかげで正しい方向に向くことができます。あなたが朝型人間でも夜型人間でも関係ありません。リストの作成に関しては――あるいは、何をやりとげる場合でも――**いつでもあなたの内なるタイムテーブルに従えばいい**のです。

ところで、リストを作る習慣もすでに身についたし、リストをなくすこともないが、リストを毎日作ろうとしてもなかなか思うようにいかない、という場合もあるでしょう。でも、これはかまいません。リストを毎日書けない人は大勢います。仕事に圧倒され、手も足も出なくなり、そこで（あろうことか）グズになってしまうようなときに、必ずリストを作ると心に決めてください。

ちょっとした時間を活用する

あたりまえのことですが、一日に割り当てられた時間は誰もが同じです。しかし、時間が見つからないためにやるつもりだったことができない人もいれば、いつも時間を見つけて物事を片づけてしまう人もいるのは、なぜでしょうか？

やすやすと目標を達成してしまう人やアンチグズな人びとには彼らなりの秘訣があるのです。彼らが常に心に留めているのは、ほんのちょっとした貴重な時間が一日のうちに数えきれないほど詰まっていて、その気になればそれを活用できるということです。グズな人びとは大切な時間を無駄にしながら、支払いをするための自由な一時間とか、書類や新聞の山を整理するための自由な午後とか、ガレージの掃除や友人との連絡やなにやかやをするための自由な土曜日を待っているのですが、アンチグズたちは次の四つの普遍的真実を受けいれています。

①充分な計画と準備を行なわないかぎり、一時間にしろ午後にしろまる一日にしろ、自由な時間は決して転がりこんではこないし、たとえ計画しても無理かもしれない。

②どんなに重要なプロジェクトであれ、事前にどれだけの下準備を注ぎこもうと、必ず中断はある。しかも、たくさん。それは覚悟しよう。

③中断に不平をこぼしてストレスをためたところで、なんの役にも立たないし、それで中断がなくなるわけではない。時には、中断をもたらす原因を排除できることもある(電話線を抜いたり、図書館で仕事をしたり、オフィスのドアを閉める)。しかし、できないときもある。

④中断によってたえず仕事の開始と停止が繰り返されるのであれば、開始と停止を前提にした作業を計画したほうがよい。

リズは電話中に待たされている時間を利用しています。営業とマーケティングに関する独創的なヒントが詰まった本をいつもデスクの上に置いていて、それに目を通すのです。

すぐに役立つ小テスト

① 一日のうちで最も生産的な時間はいつか？

② 最も生産的になれる場所はどこか？

③ 何をどれだけ食べると生産性に影響が出るか？　ある特定の食べ物を口にしたあとで物憂い気分になるか？

④ エクササイズで生産性に影響が出るか？　たとえば、動きまわった日のほうが活力を感じるか？

バーブはどこへ行くにも自宅のそばの踏切りをいくつか越えなくてはなりません。車のなかで列車が通りすぎるのをじっと待っていることがよくあるのです。このわずかな中断時間を使って彼女は友人やクライアントに向けた数行分のメモを取ります（彼女はカード型のメモやペン、切手などが入った大きなジッパー付きの袋を車に常備しています）。ざっと目を通しただけで削除されてしまうEメールのメッセージとは違い、郵便物は何度か読み返され、喜ばれるものです。

バーブの夫チャーリーはこの〝列車待ち時間〟を利用して、シートの下に備えつけている音声起動型の録音機（音声に反応して自動的に録音がスタート、途絶えると数秒後にストップする）にアイディアを録音します。

猛烈に忙しい日でも、ここで十分、あそこで二十分という具合に空いた時間が見つかるものです。会議が始まるのを待っていたり歯医者の予約時間を待ったり、あるいは、車のなかで子供の下校を待っているあいだに、リストと取り組んだり十分間の仕事を始めれば、いったいどれだけの時間を有効に活用できるでしょうか？

たとえば、次のようなことができます。

◆計画を立てる
◆リストの再点検
◆電話を掛ける
◆返信を書く
◆ニュースや報告書、手紙、本などの概略をつかむ
◆雑誌に目を通し、時間をかけるだけの価値があるかどうか判断する

さあ、早速、今日からちょっとした貴重な時間を探し、それをどのように活用するか決めてください。あなたのリストを見れば、時間をどう使うべきかわかるでしょう。不思議なことに、そういう**ちょっとした時間を見つけて有効に使えば使うほど、時間がますます増えていく**ように思えます。

〝逆算調整〟のテクニック

圧倒されそうな気分になったときに使えるすばらしい戦略がもうひとつあります。中間のタイムリミットを設定することです。自分自身の目標とすべき仮の締め切りを作り、そこからさかのぼって仕事をしていくのです。わたしの夫でビデオ編集者のブルースはこれを〝逆算調整〟と呼んでいます。たとえば、次のような状況を考えてみてください。

◆上司から明日までに月報をまとめてデスクに置いておくよう指示されているが、まだ何を書くか決めてもいない
◆確定申告期限の前日なのに、まだ準備を始めていない
◆クリスマスまであと二日。しかし、どんなプレゼントを買うか考えてもいない
◆最終試験は明日の午後。しかし、まだノートの復習をしていない
◆陣痛が五分間隔になっている。しかし、病院へ行く準備をしていない

どのケースでも、差し迫った締め切りに追われてわたしたちはめまぐるしいばかりの活

動をします。タイムリミットのせいでグズは中断。体内をアドレナリンが駆けめぐり、モティベーションが一気に高まります。もちろん、不安で胸がどきどきし、胃はきゅっと引き締まり、呼吸が荒くなります（時には皮膚が斑になったり、頭痛や不眠症に襲われることもあります）。でも、とにかく動くようにはなります。

タイムリミットのプラス面を一段と強め、締め切りに伴うストレスをなくすには、ミニ締め切りをたくさん設定することです。最初は不自然に感じられるかもしれませんが、ミニ締め切りによってきちょうめんになり、仕事を管理できるようになり、いやでも先へ先へと考えるようになります。こうした計画の進めかたがやがては習慣になるのです。

仮の締め切り、もしくは、目標とすべき締め切りを設定しておけば、最終段階まで来たところでどうしても何かが必要なのに、それを手に入れるにはもう遅すぎる、という事態を避けることもできます。

一例を挙げましょう。販売のプレゼンテーションまであと一日しかありません。一日あればできることなので万事順調です。ところが、絶対に欠かせない統計表を出せるのがアイヴァンただひとりだと気づいて、あなたは愕然《がくぜん》とします……アイヴァンは昨日から休暇旅行にでかけてしまいました。仮の締め切りを作っておけばこんな恐ろしいことにはならなかったでしょう。

仮の締め切りとはどのように働くのでしょうか？　まず**本物の締め切りから現在までさかのぼり、仕事の一部、もしくは、全部をやりとげる中間締め切りをいくつか設定**します。〝逆算調整〟するのです。たとえば、あなたの会社の後援で五月三十日に催される基金調達パーティーについて、地元の週刊紙にプレスリリースを発表しようとしています。あなたはカレンダーをチェックし、一週間前の五月二十三日号に記事を掲載しようと決めます。新聞社に連絡すると、その号に載せるには少なくとも一週間前に記事が届いていなければならないとわかります。つまり、十一日か十二日には郵送しなくてはなりません。そこであなたは記事を書く締め切りを五月五日に設定します。タイプして校正し、十一日までに郵送するには充分な余裕があります。こうした中間の締め切りを設定しなければ、たぶん、手遅れになるまで記事について考えることすらしなかったでしょう。

締め切りからさかのぼることで、時間の流れに沿った仕事のリストができあがります。たとえば、結婚式を計画していると、担当者からリストを渡され、「六カ月前にこれをしてください。五カ月前にはあれを」と説明されることがあります。あいにく、わたしたちには毎日の仕事をこなすための箇条書きリストを渡してくれる人はいませんが、自分で作ることはできます——さかのぼって考えること、逆算調整することで。

逆算調整の習慣が身についてしまえば、実にさまざまな活動に応用できます。「飛行機は五時に出発で、四時には空港に行かなくてはならないから、三時にはでかけるとしよう。そうだ、君の妹が泊まりに来てるんだった。浴室を使う人間がひとり多いわけだ。じゃあ、一時半には準備を始めようじゃないか」

プロジェクトに対してさかのぼったアプローチをするときは、想像力を駆使して状況を視覚的に思い描きましょう。視覚化することで細かいところまで考えがおよび、危難を避けることができます。たとえば、レポートを書く予定であれば、書きはじめるときに必要なものを想像します。そして、いきなり着手してパニックにおちいるのではなく、事前にタイムリミットを決めて重要な資料をすべて集めてしまいましょう。

ごく自然にさかのぼって考えるにしろ、意識的に取り組むにせよ、逆算して調整する習慣が身につけば仕事はやりやすくなりますし、障害を予想して、土壇場での胃が痛くなるようなストレスを防ぐことができます。

最後に、もう手も足も出ないと感じたときにはどんなシステムを利用するにせよ、逃げてはいけません。たとえば眠ったりネットサーフィンしたり、読書やコンピューターゲーム、食事、あるいは、テレビを見たり、いきなり何かの整理を始めたりして、グズを決めこんではいけません。まずその仕事を細かく何段階かに分け、優先順位を決め、そして、第一歩に着手することから始めましょう。

人は、いつでもその時点でそれなりのベストになれる。

——ウェイン・ダイアー（米国の著述家）

昨日のことを嘆きながら今日を無駄にする人間は、今日のことを嘆きながら明日を無駄にするだろう。

——フィリップ・M・ラスキン（米国の著述家）

この地上でのミッションが完了したかどうか、それを見分けるテストがある——もしあなたが生きているならまだ完了していないのだ。

——リチャード・バック

本当に不幸なのは、できることを未完のまま放りだし、理解もしていないことをやりはじめてしまう人びとだ。彼らがやがて嘆くのも無理はない。

——ゲーテ

嫌いなことで成功を収めるよりも、むしろ好きなことで失敗するほうがいい。

——ジョージ・バーンズ（米国のコメディアン）

成功は決定的ではなく、失敗は致命的ではない。大切なのは勇気だ。

——ウィンストン・チャーチル

【実習コーナー】

このエクササイズは「逆算調整」するにはなかなかおもしろい方法で、しかも、ライフプランの設計にも役立ちます。あなたの目標や優先順位が変わるたびに何度でも試してみてください。

では、今から十年後、あなた自身がどのようになっていたいか想像してみましょう。そして、今日がまさにその日だと仮定して次の空欄をうめてください。

◆今日から十年後の日付

（　　　　　　　　　　　　）

◆あなたが住んでいる場所

（　　　　　　　　　　　　）

◆あなたがやっていること

（　　　　　　　　　　　　）

◆あなたと一緒にいる人

◆それまでに旅行した場所
（　　　　　　　　　　　　　　　　　）
◆この十年間で最も誇らしかった瞬間
（　　　　　　　　　　　　　　　　　）
◆典型的な土曜日の過ごし方
（　　　　　　　　　　　　　　　　　）
◆あなたが所有しているもの
（　　　　　　　　　　　　　　　　　）
◆ひとりの人間としてどのように変わったか
（　　　　　　　　　　　　　　　　　）

さあ、ここからさかのぼり、これから十年後の目標に近づくために、来年、できることを挙げてください。来週までには何ができますか？

第3部 グズ克服完全マニュアル

7 プランを作り時間を作ろう!

結果としてグズとなってしまうタイプで一般的なのが、〝無計画型〟と言われるものです。昔から「計画するなんてばからしい。わたしはまっしぐらに突っこむ」という言葉があるくらいですから。

しかし、残念ながら、何も計画を立てないまま仕事に突進すると、プロジェクト全体をだいなしにしてしまうことがよくあります。その理由はこうです。①うまく行かないことが多く、大幅に仕事が遅れる。②何ひとつ順調に運ばないためにイライラがつのり、仕事を途中で放りだして忘れる。③一度はプロジェクトを完了しても、ネガティブな思考が定着してしまい、ふたたび同じ仕事をやろうと考えるたびに、ひどく時間がかかったことや雑用ひとつにも腹が立ってたまらなかった不快な思い出がよみがえり、なかなか仕事に着手できない。

ショーンはいつも事前に何も考えないまま、いきなり車の修理を始めてしまいます。その結果、車を分解してしまってから部品を買わなくてはいけないことに気づくのです。分解した車を運転するのは至難の業でしょうから、必要な部品を買いに行くことを考えなくてはなりません。誰かに買ってきてもらうか、あるいは店まで送ってもらわなくてはいけません。もちろん、ひと苦労することになります。店にでかける前にグリースまみれの手を洗わなければならないし、部品屋に着いてみたら店が閉まっていたというのも一度や二度ではありません。仕方なく家に帰ると、修理をあきらめて車を元どおりに組み立てるか、翌日まで放置して、残る一日、車が使えない状態になるか、どちらかです。言うまでもなく、ショーンは車の修理に嫌気がさし、できるだけ先延ばしにします。

やみくもに修理を始める前にほんの数分でも考えれば、ショーンは時間とエネルギーを浪費することもなく、イライラを味わうこともないでしょう。ちょっとしたプランを立てるだけで、車の修理に必要な品物の予想がつくし、あるいは、自動車部品店の開店時間を事前にチェックしたり、店まで送ってくれる友人の手配ができるのです。

プランニングのやりかた

プランを立てるには図表もグラフもミーティングも必要ありません（ただし、このようなプランニングが役立つ仕事もあります）。ここでお話しするプランニングとは、どんな道具や物品が必要なのか、当面のプロジェクトとどのように取り組むのか、それを考えるためにわずかな時間を割こうということです。
そのためのステップを次のように覚えましょう。
◆ちょっと考えよう
◆一筆書こう
◆カンバセーション
◆イマジネーション
最初のステップ〝ちょっと考えよう〟についてはすでにお話ししました。そこで、残りのステップをそれぞれ見ていきましょう。

＊一筆書こう〝やることリスト〟と〝必要リスト〟

この〝一筆書こう〟というのはどういう意味か？　それはリストを作ることです。リストを書きましょう。頭のなかでいくらプランを考えても曖昧《あいまい》なままで、細かい形にはなりません。『こころのチキンスープ』の共著者マーク・ヴィクター・ハンセンは「頭で考えるな！　インクで書こう！」と言っています。

〝プランニング・リスト〟を実際に書いてみると、だいたい次のふたつに分かれるでしょう。優先順位をつけられる**〝やることリスト〟**か、あるいは、プロジェクトを進めるため

＊プランニングの時間を毎日作ろう

＊仕事の計画を立てる　計画を実行する

＊プランを立てないことは、計画的に失敗することだ

に欠かせない道具類や買い物に関する〝**必要リスト**〟。たとえば、〝やることリスト〟に「食料品の買い出し」と書き、買わねばならないさまざまな食料品の〝必要リスト〟を別に用意します。

スウはミルウォーキーにあるビール会社で千人以上の社員に向けた特別イベントをプロデュースしています。彼女は個々のイベントごとに二種類のリストを作ります。たとえば、祝日のパーティーを企画する場合、彼女の〝やることリスト〟には次のような項目が並びます。テーマの選択、ミーティングの日時決定、余興の決定、ケータリング業者との打ち合わせ、子供用のギフトの注文、飾りつけの準備、マーケティング記事の構想、カメラマンの手配。

さらに、注文したり購入しなければならない十五あまりの項目を別の〝必要リスト〟にまとめてデスクの上に貼りつけます。そのリストに含まれるのは、各年齢層に合わせた子供向けのおもちゃ、フラワーアレンジメント、パーティーの景品、キャンディー、風船、パーティーの企画を手伝ってくれた人びとへの感謝のギフトなどです。

こうすれば、いざ注文するときに一枚のリストにすべてが書きこまれているわけです。これらの項目を〝やることリスト〟に書きこんでしまうと、実際に買い物をするときまで何度も何度も書き写すはめになります。しかも、〝やることリスト〟に購入予定の品物を十五も二十も書き加えると、それだけで手いっぱいな気分におちいってしまうのです。

＊カンバセーション（会話）

会話とは、あなたのプロジェクトや仕事について人と話し合い、なおかつ、相手の話に耳を傾けることです。驚くほど役に立つ情報やテクニック、アイディア、励ましの言葉が得られることでしょう。仕事を円滑に進めるための知恵を貸してくれる人がいるかもしれません。ひょっとしたら、進んで手伝ってくれる人もいるでしょう。

テイラーは何年も前から転職したいと思っていましたが、そのために何をどうすればいいのかわかりませんでした。やがて、ついに彼女は〝転職プラン〟の準備として友人たちにこの話題を持ちかけてみることにしました。すると、実にしっかりとしたアドバイスが返ってきました。ひとりの友人は就職口を紹介し、面接の段取りまでつけてくれたのです。テイラーは新しい職に就き、これほどすんなり転職ができるとわかっていたら、あんなに何年間もグズグズしていなかったのに、と反省しています。

会話のメリットはほかにもあります。何かに行き詰まったり悩んでいるとき、その問題についてただ話すだけで解決策が生まれることもあるのです。

＊イマジネーション（想像力）

イマジネーションは最強のプランニング・ツールです。仕事をしている情景を数分ばかり頭に思い浮かべてみましょう。プロジェクトの各段階を想像し、必要な道具や書類や書式、また、関連のある人びとや、その人びとに何を期待しているのか、ひとつひとつ想像してみましょう。やる必要があることをやっている姿、それが思い浮かべば、驚くほどスムーズに仕事が進んでいきます。

最近、聖職者のジョンから電話があり、教会でセミナーを開いてほしいと頼まれました。依頼された日時は恐ろしく忙しい週のまっただなかで、さすがにそのセミナーをスケジュールに入れられるかどうかわかりませんでした。「その一週間をどう乗りきるか、まずは頭に思い浮かべてみます。それから、お返事しますね」とわたしは答えました。カレンダーを眺め、その週についてしばらく想像力を発揮してから、彼に承諾の電話をしました。

多忙なスケジュールを想像力で乗りきるというコンセプトはすばらしい、と彼は言ってくれました。この電話のあと、ジョンは行事出席の依頼を四件受けました。そのたびに彼は、依頼を引き受けた場合にその当日なり一週間がどうなるかを想像してみたい、と相手に伝えたのです。そして、数分かけてスケジュールを思い浮かべ、より現実的な決断ができました。楽しそうなこと（あるいは、〝やるべき〟こと）ではあるが、いざやるとなると重荷になるようなことを、なんでも安請け合いして大変な目にあうものですが、彼はそれを避けられたのです。

次のシルヴィアの例が物語るのは、仕事に対して想像力を使わないために起こる問題です。シルヴィアは小児科医のグループの受付係で、待合室の装飾を引き受けてくれないかと頼まれました。彼女はそういう仕事が大好きだったので喜んで承諾しました。祝日が近づく数週間前から幼い患者たちに楽しい祝祭の気分を味わってほしい、というのがドクターたちの希望でした。ヴァレンタインデーにはきらめくハートの飾り、聖パトリックの祭日には愛らしいシャムロック、感謝祭にはまるまるとした七面鳥。彼らが選ぶ装飾品は好きだったのですが、それでもシルヴィアはグズグズと先に延ばし、飾りつけが済むのは祝日のほんの三、四日前ということがしょっちゅうでした。

いつも彼女は謝り、今回は猛烈に忙しかったからとか、次はもっと早く飾りますと言い訳するのです。いらだったドクターたちは、仕事の範疇《はんちゅう》を超えていると思うのか、と問いただしました。「とんでもない」とシルヴィアは反論します。

「君自身の手で別の飾り物を選びたいということか？」

シルヴィアはまたも反論します。「いいえ、今の飾りで満足しています」。しかし、正直なところ、なぜぎりぎりまで飾りつけを引き延ばすのか、彼女にもわかっていなかったのです。

実際、その仕事はシルヴィアにとって悩みの種で、気が進まないからこそ避けていたのです。いつも脚立にのぼってはマスキングテープを取りにおりる。そして、また脚立にのぼる。そして、またハサミを取りにおりる。糊や色の合うマーカーを見つけるためにそこらじゅうを探しまわらねばならないときもあります。簡単な飾りつけをするために脚立を十二回ものぼりおりするのです。時間もかかり、大汗をかきます。翌日には腿から足の先まで痛みます。

実は、ほんの少しプランを立てるだけで、シルヴィアはこのような状況を一変させることができたはずです。想像力を使ってこの仕事に必要な道具類を思い浮かべ、それらを集め、ないものは購入し（予備のメジャーとか画鋲《がびょう》、ハンマー、釘、数種類の色テープなど）、脚立の上も含めてどこへでも持ち運べる小型の釣り道具箱にすべての品物を収納すればよかったのです。そうすれば、駆けずりまわったりのぼりおりを繰り返すこともなく、飾りつけに要する時間も半分で済んだはずです。そして、なにより、シルヴィアのイライラの種がきれいさっぱり消えたことでしょう。

プランニングの段階で想像力を活用すれば、シルヴィアも飾りつけの仕事が楽しくなっていたかもしれません。

プランニングの達人

ルーシーとジャックはふたりともプランニングの達人です。去年、家の改築をしたとき、彼らは仕事のプランニングに多大な時間と熟慮を重ねました。思いつくかぎりのあらゆる局面を網羅した〝やることリスト〟と、道具類や購入品の〝必要リスト〟を作成し、そのあと、ポケットフォルダーにスパイラルノートを入れたポータブル・プロジェクトセンターを用意しました（第六章一五七ページ参照）。

ほぼ一週間に一度、ふたりは相談し、週単位の（時には一日単位の）〝やることリスト〟を作成しながら、今後の仕事をやりとげるための各ステップを書き留めます。誰がいつ何をやるか決め、そのあと、道具や器具や材料を買うべきかどうかを検討します。

ルーシーとジャックは会話と想像力もプランニングに活用しました。互いに話すだけでなく、訊かれれば誰にでも改装プロジェクトの概要を説明します。すると、職場の友人が断熱材の取り付けに使う電動ステープルガンを提供してくれました。また、ジャックの姉が壁紙の張り替え中に子供たちの面倒を見てくれることになったのです。

ルーシーは仕事の各ステップを鮮やかに視覚化したおかげで、優先順位をつけることができ、トラブルを未然に防ぐことができました。一例を挙げると、壁紙を貼る前の段階で一室の家具の配置を絵に描いてみたところ、その部屋の一角にもっと明かりが必要だと気づきました。手遅れになる前に八角形の小窓をその一角へ組みこむことができたのです。想像力とプランニングを結びつけることで、ふたりは自宅の改装を能率的に進めたばかりか、その結果にも大満足したのです。

なんの準備もないまま仕事に突進するのではなく、事前にプランを立てる習慣を身につければ、人生ははるかに容易になります。仕事はスムーズに進み、短い時間で片づき、しかも、完了した仕事の質は高くなるのが普通です。今度、何かのプロジェクトと取り組むときは、少し時間を割いてじっくり考え、リストを作り、アイディアを書き留め、プロジェクトについて人と話し、さらに、最もすばらしいプランニングツールである想像力を利用してみてください。

〝無計画型〟とは正反対の〝計画型〟になれば、あなたもグズという問題をコントロールできるようになるでしょう。

賢者のひとこと

プランニングに時間を費やせば、いざ実行するときにその三倍も四倍もの時間が節約される。

――クローフォード・グリーンウォルト（米国の実業家）

夢や目標を紙に記録することで、こうありたいと願う人間になるプロセスがスタートする。

――マーク・ヴィクター・ハンセン（米国の著述家）

行き先がわからなければ、どの道を通ってもどこへも行き着かない。

――ヘンリー・キッシンジャー（米国の政治学者）

始めるからにはとことんやらねばならない。もし途中でやめれば、中途半端に終わったことが脳裏から離れなくなる。

――チョギャム・トゥルンパ（チベットの仏教者）

人生から得たいものを手に入れる不可欠の第一歩。それは何が欲しいかを決めることだ。

――ベン・スタイン（米国のテレビ司会者）

短期的な失敗にいらいらしないためには、長期的な目標を持たなくてはいけない。

――チャールズ・C・ノーブル（米国の聖職者）

【実習コーナー】

①今から五年後、人生でどんなことを成し遂げていたいと思うか？

（　　　　　　　　　　　　　　　　　　　　　　　　）

②今から一年後、どんなプランや優先事項や希望を実現したいか？

（　　　　　　　　　　　　　　　　　　　　　　　　）

③来月のプランは？

（　　　　　　　　　　　　　　　　　　　　　　　　）

④今週のプランは？

（　　　　　　　　　　　　　　　　　　　　　　　　）

⑤今日のプランは？

（　　　　　　　　　　　　　　　　　　　　　　　　）

8 捨てる技術を身につけよう！

歳月とともにタイムマネジメントの概念も変化しています。最近、ある講演者が次のように言いました。「かつてのタイムマネジメントには、『ひとつの書類を扱うのは一度だけ』というアドバイスがあった。しかし、そろそろこの古いアドバイスを捨て、新しいアドバイスを取り入れよう」。

でも、わたしは古いタイムマネジメントの原理をそうあっさりと捨てる気にはなれません。

デスクに書類があふれかえっていると、それだけで生産性が急停止し、一気にグズモードへ入ってしまいます。散らかったごみの山は悪循環を生みます。書類の仕分けやがらくたの整理を先延ばしにするばかりか、そのごみの山と混乱のせいでグズにますます拍車がかかってしまうのです。

セミナーに参加した政府職員のシャーリーによれば、人員削減やアシスタントの減少の影響で、彼女や同僚たちはふたり分以上の仕事をこなしているということでした。シャーリーのデスクにはいつも巨大な書類の山ができていました。彼女は、アラン・ラーキンの

『ラーキンの時間管理の法則――重要なことをより多く実行する法』で、ひとつの書類を扱うのは一度だけという一節を初めて読んだとき、自分が同じ書類を何度も何度も引っくり返して多大な時間を浪費していたことに気づきました。そこで、シャーリーは「ひとつの書類を扱うのは一度だけ」というラーキンのアドバイスをインデックスカードに書き写し、デスクの前の壁に貼りました。

無駄に引っかきまわすのをやめ、それぞれの書類を最初に扱った時点で確実に処理しようと心に決めたのです。今ではそれが習慣になりました。時にはまた書類をかきまわしていることもあるのですが、そんなときは、ラーキンの言葉を思いだすことにしています。

〝古い〟タイムマネジメントの原理は今でも有効です。それらを放棄する理由はありません。しかし、時代は変わり、今までとは違う新しいタイムマネジメントも必要になっています。あまりにもやることが多く、読むものが多く、吸収したい新情報も多すぎる、というのが現代のわたしたちの時間です。したがって、これからのタイムマネジメントには時間管理に役立つ新たな規則が必要になります。すなわち、次のようなものです。

◆全部はできない
◆全部は読めない

◆全部は学べない

何もかも読破しようなんて無理なこと

あなたが昔から肝に銘じてきた規則がいろいろあるでしょうが、そのなかにはもはや通用しないものがたくさんあります。たとえば、あなたが小学校二年生のとき、先生がこう言ったかもしれません。「ひとことたりとも見落としてはいけません。読んでいるページの単語はすべて読みなさい。ひとつ残らず！」

しかし、この小学校からのルールはそろそろ捨てましょう。わたしたちの祖父母——ひょっとしたら、両親たちも——あらゆる郵便物やメモ、会報、新聞、雑誌、通販カタログをつぶさに読むことができました。でも、あなたには無理です。この現代ではそんなことができる人はひとりもいません。

この事実を受けいれないかぎり、あなたは負けモードにおちいってしまいます。未読の書類の山を前にしてグズな負け犬のように感じるか、あるいは、時間をかけてひとつ残らず読もうとしたため、あなたの人生にとって本当に重要な物事が先延ばしになり、負け犬のような気分を味わうのです。

先ほどのシャーリーはオフィスにあふれかえった書類の山についてさらに話を続けました。どんどん流れこんでくる大量の書類をながめながら、時おりため息をつき、「そこらじゅうどこもかしこも情報だらけ——でも、賢明な教えはひとつもない」と彼女はつぶやくのです。

読みたいものをひとつ残らず読むには、人生から逃避して世捨て人になるか、起きているあいだじゅう一心不乱に速読するしかないという事実を、そろそろ受けいれましょう。現代のスローガンは〝優先順位をつけること〟です。重要な読み物だけを選び、残りの書類を気にかけるのはやめましょう。

ああ書類、書類、書類！——すわって整理。立って運ぶ

あなたの人生を埋め尽くす書類の山に目を向けてみてください。職場や家のなかで、書類やメモ、専門誌、会報、雑誌、カタログ、ジャンクメールなどがどんどんたまっていませんか？　樹木が次々と伐採されて紙になり、郵便受けに詰めこまれたりデスクにどっさり置かれていくと、やがて次世代の子供たちが木の形を知らなくなるのではないか、と不安になりませんか？　散乱する書類の山を呆然と見つめ、どこから手を着けるか途方に暮

ゴミ箱と友達になろう！

書類の散乱を克服するには、ゴミ箱に対する態度を変える必要があります。

ゴミ箱はあなたの大切なデータを呑み込む敵ではありません。養分を与えて養わねばならない味方なのです。ですから、ゴミ箱にせっせと食べさせましょう。

実際、数個のゴミ箱を買うか作るかしてください——紙ゴミがたまる場所にそれぞれ一個ずつ。素敵な色や形のものがありますが、小さくお上品なタイプのゴミ箱は、あなたの紙ゴミの山が小さくお上品でないかぎり、買ってはいけません。メガトン級の紙ゴミにはメガトン級のゴミ箱が必要です。それも、たくさん。

書類の山をすっきり片づけていくと、パソコンのなかのゴミにも同じ原則をあてはめるようになります。古い不要なEメールやファイル、ディレクトリー、ジョーク、漫画などをゴミ箱に入れるのが楽になってくるでしょう。

思いきって紙ゴミを捨てても世界が終わりはしないとわかれば、怒濤のごとく流れ込んでくる読み物に圧倒されたり呆然としたり、一気にグズ・モードになることももはやありません。そして、新たな楽しみが見つかるでしょう。ゴミ箱に養分を与える喜びです。

れていませんか？　決意も固く書類整理に着手したものの、結局、部屋の片隅で胎児のように丸くなり、しくしく泣きだすはめになっていませんか？

〝書類のない《ペーパーレス》オフィス〟が実現する日は近いと人びとが予言すればするほど、わたしたちはますます書類の山に埋もれていくようです。

圧倒されるほど手いっぱいになったときは「小さなステップをひとつひとつ踏んでいく」という話をしましたが、こと書類の整理となると、この原則があてはまるとはかぎりません。ただすわって仕分けをすればそれでおしまい、というわけにはいかないのです。さらに仕事を進めて、ファイルしたり捨てたりリサイクルしたり体系的にまとめたり、あるいは、それぞれの書類をそれぞれの場所に収めないことには、何ひとつ完了したことにはなりません。結局、また同じ書類の山を整理しなければならなくなります。

秘訣はあなたの体を動かすことです。立ちあがって歩きまわり、書類をそれぞれ適切な場所まで運びましょう。次の言葉をあなたのモットーにして参考にしてください。

すわって整理。立って運ぶ

書類やファイルをしまう場所がなければ、整理を始める前にそのための場所を作りましょう。たとえファイル類を段ボール箱に入れて、クロゼットのなかや、デスクやベッドの下に押しこまねばならないとしても、少なくとも整理が終わった段階で書類を保存する場所ができたことになります。

どうして、そんなに雑誌が要るの？

さて、次はわたしの大好きな質問です。少なくとも一年に一度は自分に問いかけてみるといいでしょう。

あなたは苦労して稼いだお金を払って紙くずを増やしますか？

大半の人はこう答えます。「まさか、とんでもない！ 紙くずなんて大嫌いだ。そんなものを増やすために誰が金なんか払うか？」

ところが、たいして欲しくもないし必要でもない雑誌を定期購読するたびに、あなたはまさにそういうことをしているのです。購読した雑誌が本当に必要なのかどうか、どうやって判断すればいいのでしょう？ 雑誌が届くと、「バンザーイ！ 来たぞ！ 今夜、寝る前に読もう」と叫びますか？ それとも、「なんだ……もう次のが来たのか。読む時間がなくてたまっている半年分の雑誌に目を通してから、読むとしよう」とつぶやきますか？

「どうしてこの雑誌を買ったんだろう？」と自問してみてください。専門的な記事を読むために買ったのですか？　それとも、健康記事？　料理のレシピ？　投資情報？　もしそうなら、必要な記事だけ切り取ってファイルし、雑誌はゴミ箱かリサイクルボックスに入れてしまいましょう。一語残らず読むつもりで買ったのですか？　もしそうなら、毎月、その雑誌を隅から隅まで読み尽くす時間がありますか？　時間があるなら何も問題はありません。もし時間がないなら、この状況をあらためて考えてみましょう。バックナンバーがどんどんたまっていき、後ろめたい気分になるよりは、数カ月おきでもいいから読む時間があるときに本屋や売店で一冊買ったほうがよくありませんか？　あなたの仕事や趣味に役立つ重要な情報が載っているから雑誌を買ったのですか？　それなら、雑誌を収納したりファイルする場所を作り、隅々まで読む時間はないが資料として利用できる、という事実を受けいれましょう。

ハーマンは仕事場に数箱分のエレクトロニクス関連の雑誌を保存していました。しかし、わたしの〝グズ克服〟セミナーに参加したあと、彼はもう雑誌の管理人にはなりたくないし、数箱分のスペースがほかに利用できると気づいたのです。

定期購読していた雑誌のバックナンバーが図書館にすべてそろっていることもわかった

ので、保存していた雑誌をきれいに処分しました。今では、エレクトロニクス関連の情報が欲しければ図書館員が探しだしてくれますし、ハーマンが古雑誌をいちいち調べるよりもずっと短い時間で見つかります。それに、数号のバックナンバーに目を通したいと思えば図書館でできるし、紙くずが増えることもありません（皮肉にも、この電脳オタクはパソコンを持っていません。あらゆる情報がインターネットで入手できるとわかればさぞびっくりすることでしょう）。

やはりセミナーに参加したサンディは友人の引っ越しを手伝いました。その荷物のなかに十八年分の『ナショナル・ジオグラフィック』がありました。友人夫婦はまだ結婚十年めでしたが、父親からそれ以前からの八年分の雑誌を譲り受けていたのです（すごいお父さん！）。『ナショナル・ジオグラフィック』のコレクションはいつか価値が出るのか、とサンディは尋ねました。友人は、「いいや。でも、写真がすばらしいので捨てられないんだ」と答えました。写真は確かにすばらしいのでしょうが、十八年分の雑誌は大量の箱の山を生みました。それも、ひどく重い箱ばかり！

雑誌を収納するスペースがあり、喜んで雑誌の管理人になるつもりなら、それでもかまいません。問題はないのです。しかし、手放す用意があるなら、病院や図書館や、あるいは、かかりつけの医院に寄贈することを検討してみてください。すばらしい写真が載った雑誌なら教師やボーイスカウトのリーダーが喜んでくれるかもしれません。単に、リサイクルボックスへ入れるだけでもいいのです。重要な雑誌や意味のある雑誌、心に残る雑誌まで捨てろと勧めているわけではありません。ただ、あなたの人生をゴミだらけにしている原因——二度と読まないだろうし、必要にもならない雑誌が対象なのです。

通販カタログの魔力からのがれるには

通販カタログの話題を省くわけにはいきません。どういうカタログのことかわかりますよね。最初、カタログが届いたときは数々の魅力的な品物にうっとりします。ところが、不思議にもやがてあなたの名前は世界じゅうの通販会社に登録され、今では次々と届くカタログ用に大きな郵便受けが必要になります。

わたしの隣人エレンから自宅に届いた一週間分のカタログを見せてもらったことがあります。驚いたことに、彼女たち夫婦が受け取ったカタログは、園芸用品、キッチン用品、旅行用品、クジラ・グッズ（そう、クジラです）、子供用品、アイルランド関連グッズ、文具、オルゴール、一般用品と実にさまざまでした。それらカタログのひとつひとつに目を通さないと何かすばらしい商品を見逃すのではないか、とエレンは不安だったそうです。

でも、だいじょうぶ。たとえ見逃しても、次のカタログ、そのまた次のカタログが来たときに、買うチャンスがあるのですから。エレンは、「これがあなたの最後のチャンスです。今回、ご注文がなければ、あなたのお名前は当社のメーリングリストから削除されるかもしれません」という案内を受け取ったことがあります。でも、その会社は〝最後のチャンス〟を彼女に七度も送ってきたのです。

カタログを見ないことには捨てられないけれど、読む時間がないのでつい書類の山に積み重ねてしまうというのであれば、次のようにしてください。いっさい目を通さずにかなりの量がたまるまで取っておきます。そして、一週間分、あるいは、一カ月分をまとめていっぺんに見ます。最初の数冊は一ページ一ページていねいに見ていくでしょう。そのうち、ページを飛ばすようになります。やがて、まったく中身を見ないまま捨てる決心がつくでしょう。

ためて、ためて、ためて！

グズな人びとというのは、紙くずに埋もれるばかりか、かなりの確率で、ごく普通の品物から驚くほど奇妙な代物までなんでも集めてためこむ人びとです。

〝グズ克服〟セミナーに参加したグズな人びとは、「散乱するがらくたをどうしていつまでも捨てようとしないのか？」という質問をされても、ただ微笑んだりまばたきするだけで、質問の意味をまったく把握していません。彼らが戸惑うのは、がらくたとグズの問題は関係ないと思っているからです。彼らは捨てるのを先延ばしにしているわけではありません。そもそも、モノを捨てようなどと思いもしないのです。種々雑多な所有物のおかげで人生が意味もなく複雑になっているというのに。

問題はこうです。「なぜ人はがらくたを手放さないのか？」――。その答えはほぼ次の三つに分類されます。

①がらくたが大好き
②いつか必要になるかもしれない
③絶対にモノを捨てられない

セミナーの参加者たちは、人生からがらくたが減ればそれに越したことはないと認めます（場合によっては、がらくたマニアにも深刻な問題が生じます。特に、パートナーががらくたの山に我慢できないときには）。彼らは自分たちの宝物を手放さない理由について

紙ゴミ退治のコツ

1　ゴミ箱へ入れる

2　必要のないものは捨てる

3　届いたその場で目を通す

4　ジャンクメールには目もくれない。即、捨てる

5　ほかの人が処理できる書類はその当事者にまわす

6　保存する価値のあるものにはそれぞれ場所を割り当て、
書類はその場所にしまう

7　モノを捨てても世界は終わらないことを自覚する

8　紙をリサイクルする

9　自分に問いただす。
自分は本当にこの紙の管理
人になりたいのか？
貴重なスペースをがらくた
に占領させたいのか？

熱心に議論します。話し合いを進めるうちに、がらくたを処分したほうがいいという結論にやがて到達します。しかし、大切なお宝にしがみつく理由を追及しないことには、その決断には至りません。

＊理由その1　がらくたが大好き

時には、思い出があるからがらくたを愛するということもあります。宝物によって心からの喜びを味わったり、遠い昔にはそれが必要だったのですが、時の流れとともにわたしたちの必要性は変わり、こうしたお宝ももはや尽きせぬ喜びの泉ではなく、まして、たえずほこりを払ったり掃除したり、収納場所を探さねばならないとしたらなおさらです。そこで、今でもそういった品々の管理人になりたいのかどうかを自問してみてください。

わたしががらくたの山と取り組みはじめたとき、自分には強烈な弱点があると気づきました。感傷です。**感傷はがらくたマニアの元凶**です。

心の隅にしまっておきたいような楽しい時間を過ごすと、わたしはおみやげを買ったりプログラムやチケットの半券を取っておいたり、あるいは、なんらかの思い出の品を手に入れずにはいられません。美しい絵画を壁に飾るという話ではありません。たとえば、大昔のある晴れた春の日、動物園で息子が二十五セント払って買った小さなプラスティックのペンギンを取っておくという話です。

わが家には子供たちの手作りの品物がそこらじゅうに飾ってありました。四年生の図工の時間に作った陶製のカメや、ボーイスカウトのミーティングで作った壁掛け。さらに、ほこりまみれになりやすい飾り物や本を大量に集めていたのです（〝本中毒〟というのがあるなら、まさにわたしがそれでした。本屋のそばを通るとついなかへ入らずにはいられなかったのです。わたしにとって本屋は巨大な掃除機のようなもので、どうしても吸いこまれてしまうのです。もちろん、一冊も買わずに本屋を出るなんて考えられません）。今でもなぜこれらの本を買ったのかよくわかりません。わかっているのは、その多くをまだ読んでいないということです。

読み終えた本は友人たちにまわすか、あるいは、〝所有する価値のある本〟として本棚の一角に収まります。しかし、一部を読んだだけでやめてしまう本もあります。そういった本は〝完読した本〟として扱わず、いつか最後まで読むつもりの本ばかりを集めた特製〝後ろめたい書棚〟にしまいます。そして、一読もしなければ参考にもせず、必要でもなければ欲しくもない本があります。わが家のがらくた大処分に乗りだしたとき、この最後のカテゴリーに属する本が、認めたくないほど大量にあることがわかりました。

わたしは本の山を前にして、自分自身に次のような質問をしました。

◆昔はこれが大好きだったかもしれないが、今でも大好きか？
◆昔はこれが必要だったかもしれないが、今でも必要か？
◆昔はこれに喜びを感じたかもしれないが、たえずほこりを払い、しまう場所を探し、これだけでなくほかのさまざまな品物に家を占領されて気分が滅入っている今でも、本当にまだ喜びを感じるか？

ついにわたしは歯を食いしばり、次々と決断を始めました。今でも素敵なものは残す。もう素敵でなければ処分する。少し素敵なものも処分する——素敵なものがありあまるほどあったからです。

現在、わたしの本はある程度——もちろん、全部ではありませんが——姿を消しました。思い出の品はかなりなくなりました。ほこりまみれの飾り物はほとんどなくなりました。ただし、四年生のときの陶器やボーイスカウトの壁掛け、しゃれた手作りの品は今でも家に飾ってあります。わたしは満足しています。

ああ、そうそう、あの小さなプラスティックのペンギンもまだわが家にいます。たぶん、これからもずっといるでしょう。

＊理由その2　いつか必要になるかもしれない

がらくたマニアたちは〝古い〟という形容詞がつく品物にこの理由を使います。「いつか必要になるかもしれないから……古い器具、ボタン、教科書、服、壊れたおもちゃ、木片、ウォールボードや鏡板、調理器具、さびた釘、カーテン、空のテープディスペンサー、フィルムケース、車の部品、それに、古い食器セットに入っていたお皿三枚とカップ一個」

でも、考えてもみてください。古い色あせたカーテンを貸してほしいと頼まれたことがありますか？　今まで必要ではなかったし、今も必要ではないとしたら、どうしてこれから必要になるのでしょう？

車の修理に古い部品を使ったり、実際に古いボタンを使うのであれば、話は別です。価値のあるものや収集品として保存しているなら、これまた別です。しかし、まずはその本来の価値や今後の価値について見きわめましょう。運がよければ五十年後に十七ドル四十三セントの値がつく品物を管理するために、何百ドル分もの時間と労力を費やしているかもしれないのです。

せっせとためこんできた古い品物のひとつがまったく不要なものだとしたら、それらすべてを保管している理由をどう説明すればいいのでしょう？　たとえ必要なものがあったとしても、そもそもそれを持っていたことをあなたは覚えているでしょうか？　がらくたの山のなかから探しだせるのでしょうか？

次のように考えてみてください。あなたのトースターが壊れた。そこで、新しいトースターを買った。古いほうはどうしよう？　捨てるか？　いいえ。あなたはどこかにそれをしまいこむ――「だって、新しいやつが壊れたら必要になるかもしれないから」。でも、古いのも壊れてるんですよ！

グズな人びとはこう答えます。「そうは言うけど、新しいトースターの修理に古いやつの部品が利用できるかもしれない」。何年も前であれば確かにそういうこともありました。人びとは新しい器具の修理のために古い器具から使える部品を取りはずしたものです。テレビが壊れたら、隣家の人がほこりにまみれたガレージの片隅を引っかきまわし、古いテレビから真空管を見つけ、それをあなたのテレビに取りつけて修理してくれました。しかし、そういう時代は終わったのです。現代のハイテク機器では部品に互換性はありません。

〝あとで必要になるかもしれない〟ほかの品物はどうでしょうか？　服が色あせたりほころびたとき、それを取っておいて家の塗装や犬のシャンプーをするときに着ますか？　汚れる雑用をこなすときの服がひとつやふたつは必要でしょうが、クロゼットからあふれるほどの古着の山は必要ありません。

では、〝いつかやせたとき〟のために取っている小さすぎる服はどうでしょう？　本当にそんなものを着ますか？　もう流行遅れなのでは？　せっかく苦労して減量し、きれいにやせたのであれば、素敵な新しい服を着てみたいと思うのではありませんか？

こういう例もあります。あなたは大学や高校や、あるいは、かつて受講したセミナーのノートやテキストを、子供たちや誰かが「いつか使えるかもしれない」と思って大事に取っていませんか？　でも、汚れて黄ばんだ読みにくいノートや、見るからに髪型がやぼったい人物の写真が載った古い教科書を、はたしてあなたの十代の子供が熱心に読むでしょうか？　「わあ、ありがとう、これは便利だ」と言ってくれるでしょうか？

「たとえ何を捨てても、捨てたその次の日にそれが必要だとわかる」とあなたは信じていて、がらくたといえども手放すのは気が進まないかもしれません。では、あなたの捨てたものがいつか必要になったらどうなるのでしょう？　持っていればよかったと後悔したら？　でも、たぶん、代わりのものが見つかります。

捨てるかどうか迷ったときは、同じものが手に入りにくいのか考えてみましょう。買いなおすにはどれくらいの費用がかかるのか？　そして、（万が一、必要になったときに）同じものを手に入れるコストと、（まったく必要ないかもしれない）その品物の管理に要する時間とエネルギーと手間を天秤《てんびん》にかけてみてください。

たとえば、あなたが『ネコの十戒』なる本を三年間手もとに置いていたのに、それを捨てた翌日、友人から貸してほしいと頼まれれば、さぞかし落ちこむことでしょう。そういうときは次のように自分に言い聞かせて気持ちを静めてください。

「あらゆる人の要求に応えたいのはやまやまだけど、いつかどこかで誰かが必要とするからといって、ありとあらゆるものを取っておく責任などわたしにはないはずだ」

がらくたを捨ててもその翌日に世界が終わるわけではないという解放感を一度味わえば、モノを捨てるのが楽になり、いつか必要になるのではないかと悩むこともなくなります。

＊理由その3　絶対にモノを捨てられない

これはがらくたマニアがモノをためこむ最も基本的な理由ではないでしょうか。彼らはがらくたを大切にするわけでもなく、いつか必要になると思っているわけでもありません。単に捨てられないのです。

あなたが、持ち物を手放すと考えただけでストレスがたまるタイプの人だとしても、どうかあきらめないでください。なぜモノが捨てられないのか、まずはその理由から考えてみなければいけません。

家を荒れ放題にしない12の知恵

① 家のなかをきれいにするために、たまにお客を呼ぶ

② テレビの時間を利用して、手紙を書いたり洗濯物をたたんだり、カタログや雑誌の整理などをする

③ テレビコマーシャルのあいだにこまめに片づける

④ 部屋のがらくたを整理するときは、戸口から始めて右か左へ進む。こうすれば、途中でじゃまが入っても、やめたところからまた始めればいい

⑤ がらくた整理と掃除を同じ日にやらない。あまりのすごさに卒倒するかもしれないから

⑥ 家に関するすべての情報（保険、保証書、領収書、ビデオの留守録マニュアルなど）はひとつのファイル、バインダー、引き出し、デスク、箱、または紙袋にまとめておく

⑦ 二階に運ぶものが何かあるかぎり、決して手ぶらで階段をのぼらない

⑧ 部屋に余分なものが何かあるかぎり、決して手ぶらで部屋を出ない

⑨ 部屋を出るたびに左肩ごしに振り返る。がらくたを見つけたらそれを持って出る

⑩ 人に任せることを覚える

⑪ 無視することを覚える。ほこりの塊を追いかけまわすよりも人間関係のほうが大事

⑫ ごくたまにでもいいから専門の業者にハウスクリーニングを依頼する

「あの大恐慌のときの暮らしがどんなものか、あなたにはわからないのよ」と、がらくたを捨てられないグズな人びとから言われたことがあります（妙なことに、大恐慌の二十年後に生まれた人からも同じ話を聞かされました）。あるいは、「子供のころ、うちはとても貧乏だったんだ」という話。

もしあなたがふたたび困窮におちいったら、百七十八個の古いフィルムケースや十二個の壊れたトースターを家族のために役立てようと本気で考えていますか？　冗談はさておき、がらくたを処分はしたいが、いくらがんばっても行動に移せないというのであれば、専門のカウンセラーに相談してみてください。

がらくたの山に経済的な安心感を感じますか？　いつか価値が出る〝かもしれない〟というだけでがらくたにこだわっていても、意味がありません。

経済的な安定を求めるならもっと建設的なアプローチをしましょう。**毎週少しずつ預金する習慣を今日から始めましょう。**わずかな品物が積もり積もって家じゅうがらくただらけになるように、毎週少しずつでも貯金していけばあっというまにけっこうな蓄えになりますが、同じたまってもがらくたと貯金では正反対。経済的にゆとりがでてくればうれしいものですし、安心感もわきますから、〝安心毛布〟代わりのがらくたを少しは処分できるかもしれません。

がらくたよ、さようなら

がらくたと取り組む覚悟がついたら、いよいよ〝捨てる〟モードに入るためのアイディアをいくつかご紹介しましょう。まず、捨てるものと取っておくものの違いを理解してください。モノに温《ぬく》もりや安心感や愛着を心から感じられるなら、それはおそらくがらくたではありません。コレクションであったり宝物なのです。取っておきましょう。収納したり陳列する方法を考えてください。

ただし、自分の気持ちには正直になりましょう。かつては慰められた品物であっても、もはや安心感はもてないかもしれません。今はうんざりするだけかもしれないのです。では、モノに対する態度を再検討した人びとの例を三つご紹介します。

ジェシカの人形とぬいぐるみのコレクションは年ごとに増え、今ではがらくたの山と見紛うほどです。彼女はよく考え、人形にはそれぞれ特別なエピソードがあり、今でも大切なすばらしい思い出があると判断しました。そこで、ほこりがつかないようにガラスケースのなかに人形たちを美しく収納しました。

次に、ぬいぐるみをきれいにしようとしたのですが、うまくいきませんでした。大半のぬいぐるみは色あせて汚れ、もはや喜びも慰めも与えてくれないので、三体を残して処分することに決めました。

タナーはスポーツ関係のトロフィーを家じゅうに飾っていました。かつてはどれも大きな意味があり、それらを見るだけで幸せな思い出に包まれたものでした。ところが、何年もたった今ではあまり重要ではなくなってしまいました。彼は処分する代わりにきちんとラベルを貼った箱に詰め、おかげで、ほこりを払ったり掃除をしたり管理をしたり、犬たちが突き倒さないかと心配することもなくなりました。

シャノンのガレージには古い壊れた器具類が大量に保存してありました。長年のあいだずっと保存してきた理由が彼女自身にも思いだせないくらいなのですが、もはやがらくたの管理人になりたくないし、そろそろ処分すべきだと決心しました。

がらくた処分の方法

セミナーに参加した人びとはこうした話題について話し合ううちに、がらくただらけの雑然とした環境は雑然とした思考に結びつき、雑然とした思考はグズに結びつくのだと理解するようになります。そこで（ようやく！）がらくたの処分を始めるのです。ただし、

がらくた退治のコツ

次のような品物は処分しましょう

* 昔からずっと嫌いだった
* それが必要なときに見つからない、あるいは持っていることを忘れている
* 壊れている、あるいは時代遅れ（しかも修理は非現実的）
* もはや要求を充たさない
* サイズ、色、スタイルが合わない
* 掃除したり保険を掛けたりスペースを割いたりしなければならないが、あまり使わないし、楽しみもない
* その価値よりも使う手間のほうが大きい
* 二度と見なくてもまったく気にならない

次のような品物は取っておいたほうがいいかも

* 持っているだけですばらしい気分になれる
* 生計に役立つ
* 感情的、あるいは精神的に大きな価値がある
* 役に立つものだと思っている
* 金額的に大きな価値がある（95セントの漫画本を57年間保存したあげく、1ドル35セントにしかならないのでは意味がない）
* 次世代の人びとにとっても愛蔵品になる

問題はどうやって処分するか？

実際にゴミ捨て場まで行ってあなたの大切な宝物を投げ捨てなくても、がらくたを処分する方法はいくらでもあります。もしあなたががらくたマニアであれば、ゴミ箱に入れただけで万事解決とはかぎりません。夜中の二時ごろ、そっとゴミ捨て場に近づいて、捨てたものをまた全部回収してきてしまうかもしれないのですから。

余分なものを処分する方法としては、まずガレージセール（やフリーマーケット）があります。あなたのがらくたに人びとがお金を払ってくれるのです。ただ、ガレージセールなんてできないという人もいるでしょう。売り場を作り、値札を付け、週末のあいだずっと店番をするのは面倒なものです。

なかには、大切にしてきた持ち物を他人に買っていかれるのはたまらない、という人もいます。愛するヘラジカの頭を買い戻そうと男性が必死に車のあとを追いかけていく姿は哀れを誘います。

なんらかの理由でガレージセールができないなら、実際にガレージセールをしている友人に頼んであなたの品物を混ぜてもらいましょう。その代わり、値札付けや数時間ほどレジ係を引き受けたり、売り上げの一部を手数料として払えばいいのです。

あなたの家から気持ちよくがらくたを一掃できる方法は、それらの品物を利用してくれる慈善団体を見つけることです。教会のバザーや、年に数回、自宅まで引き取りに来てくれる団体、あるいは、近所の回収箱に寄贈してもいいでしょう。壊れた器具や家具を修理する団体もあれば、そうでないところもあります。衣類だけを必要とするところ、あるいは、古い眼鏡、書籍、ペット用品、古切手、スープ缶のラベルといった特定の品物を引き取るところもあります。

人に尋ねたり電話帳やインターネットで調べたりして、どの団体がどんな品物を引き取るのか確認しましょう。市役所、教会、図書館、地元の相談窓口に連絡し、あなたのがらくたを有効に活用してくれる団体を探してみてください。品物のリサイクルは人びとやあなた自身の役に立つばかりか、〝母なる地球〟にも優しさを示せるのです。

寄贈しようと決断したものの、まだ愛着が深くて手放せない場合は、品物を袋や箱に詰め、今日の日付を書いたラベルを貼り、クロゼットや地下室、屋根裏、ガレージ、寝室の片隅などに保管しましょう。そして、半年後（あるいは、あなたの決めた任意の日）、あなたの持ち物を喜んで引き取ってくれる団体にその箱を渡しましょう。なかを見てはいけません。半年間、必要性がなかったとすれば、もう必要ではないのです。それでも手放すのがつらいようであれば、箱の引き渡しを友人に頼みましょう。

際、気に入るかもしれません。それならあなたもうれしいでしょう。しかし、気に入らなければ、ただでさえがらくただらけの家にもうひとつモノが増えてしまいます。いいですか、人はギフトを贈りたいものなのです。あなたが欲しいものを教えてあげれば相手も喜びます。

何が欲しいかと聞かれたら、正直に答えましょう。もし聞かれなければ、あなたにもアイディアや提案があるのだと相手に伝えましょう。はっきりと具体的に話すことです。欲しい品物を詳しく伝え、どの店でそれを見たか話しましょう。あるいは、カタログのなかから同じ価格帯の商品をいくつか選んでもいいでしょう。そうすれば、贈り主にも選ぶ楽しみがあり、なおかつ、あなたは本当に欲しいものが手に入ります。

もうこれ以上の品物は欲しくないというのなら、次のようなものを頼みましょう。

＊美術館や動物園、文化団体の会員資格

＊ディナーやブランチ、エステのギフト券

＊ショーや芝居のチケット

ギフト、ギフト、ギフトでいっぱい

ギフトの山に困りはて、どうしていいか途方に暮れることがあります。贈り主が非常に親しい人であれば、このギフトは使えないと伝えてもいいでしょうが、そのためには周到な気配りが必要ですし、どんなに如才なく説明しても、愛する人の心を傷つける恐れは充分にあります。ギフトをもらってから数年がたっていれば、そろそろ処分するか譲るか取り替える頃合いだと説明してもいいでしょう。

不格好なギフトや不要なプレゼントでもなかなか捨てにくいものなので、そういうギフトの贈り主には先手を打ったほうがいいかもしれません。誕生日に何が欲しいと聞かれたら、あなたは「何もいらない」と答えますか？　この返事に対しては、ふたつの結果が予想されます。ひとつは、あなたの希望どおり（つまり、何もくれない）。もしあなたの言ったことが本心なら、これはこれで問題ありません（正直に答えなさい。何ももらえないと、ちょっぴり傷つくんじゃないですか？）

もうひとつは、あなたに気に入ってもらえることを期待して、とにかく何かを贈ってくれる。ひょっとしたら、実

がらくたマニアでない友達を呼ぼう

本気でがらくた退治をするつもりだが、どこから手を着けていいかわからない場合、あなたはまさにうってつけの人材を見落としているかもしれません。すなわち、友人です。きっとあなたは驚くでしょうが、みんながみんな、モノを集めてためこむわけではないのです。何人かの友達に相談してみれば、がらくたを捨てるのが得意で、あなたのがらくた処分にも喜んで手を貸してくれる人が見つかるでしょう。では、彼らはどのように助けてくれるのでしょうか?

彼らはがらくたを手放しても悲惨な結末には絶対にならないと励ましてくれます。手放す品物の選別にも手を貸してくれるでしょう。わたしのセミナーに参加したホープによれば、がらくた退治の最初の目標はクロゼットだったそうです。未着用の服を少なくとも半分は処分したかったので、彼女は友人のサンドラにコーヒーでも飲みながらアドバイスしてほしいと頼みました。サンドラは「それを最後に着たのはいつ?」と尋ねます。ホープが「一度も着てないわ」と言えば、サンドラは即座に「処分しなさい」と答えるのです。ホープは友人の同席が必要だったのは一度だけでした。その後、ホープはほとんど着ていない服を見ると、それを買ったことじたいが間違いだったと自分で認められるようになりました。今では慎重に考えてから買い物をしています。そして、間違った買い物をしたときはすぐに返品し、何年もクロゼットのなかで眠らせないようにしています。

がらくた退治や簡素化、整理整頓が大好きで、あなたの指導役を喜んで引き受けてくれる友人が見つかれば、あなたの家まで足を運んでもらう必要さえないかもしれません。進行具合を電話で報告するだけでもあなたにとっては計り知れない発奮材料となるでしょう。

一歩一歩〝グズ克服〟と取り組んでいくことで大きな解放感につながりますし、書類やがらくたをコントロールすることで、あなたの時間と人生を力強く管理できるようになるものです。足取りまでがちょっぴり軽く感じられることでしょう。

賢者のひとこと

所有することではなく楽しむこと、それがわれわれの豊かさを構成する。

――ジョン・プティセン（フランスの詩人）

今の自分を受け入れないかぎり、所有するものに満足することはありえない。

――ドリス・モートマン（米国の作家）

ぐずぐずしているあいだに人生は一気に過ぎ去っていく。

――セネカ（古代ローマの哲学者）

モティベーションとは、夢が作業着を着るときだ。

――ハル・ローチ

できないと思うことをやらねばならない。

――エレノア・ローズヴェルト（米国の著述家、外交官）

一年間使わなかったものなら、わたしのライフスタイルにあまり重要なものではないはずだ。

――リタ・エメット

【実習コーナー】

次の場所にあるあなたのがらくたをちょっと見てください。

庭／車／居間・娯楽室／キッチン（レシピボックスを含む）／ダイニングテーブル／バスルーム（洗面所の戸棚も）／寝室／ガレージ／地下室・屋根裏／予備室／引き出しとキャビネット／クロゼット／デスク／書棚／収納ロッカー／バッグ・財布／書類かばん

それらの品物は本当に重要ですか？　必要ですか？　それがないと生きていけませんか？　その世話をしたいですか？　そのためにスペースを割きますか？　眺めますか？　受け入れますか？　きれいにしますか？　今すぐ決断しましょう。

【補習】

今日から一週間、毎日一五分かけて紙ゴミを分別し、そのあと、捨てる、ファイルする、返事を出す、行動する／決定する、あるいはリサイクルにまわしましょう。

さあ、始めて！

9 グズを克服してお金を貯めよう！

あなたは驚くかもしれませんが、グズはあなたのお財布にも大きな影響をおよぼすのです。ところが、多くの人びとはお金のことを口にしただけで即座にグズモードに入ってしまいます。お金について考えることさえ先延ばしにしていませんか？　請求書の支払いが遅れていませんか？　貯蓄や投資プランを始めようと前々からずっと思っていませんか？　いつも確定申告の締め切りまぎわになってあわてふためき、大急ぎで領収書やら申告書を探し、十一時に郵便局へ駆けこむのではないですか？

毎年四月十五日（米国の確定申告の締め切り日）になると、締め切り前の消印を付けて申告書を投函しようと人びとの車が郵便局本局の周辺に殺到し、その光景をシカゴの地元テレビ局が放映します。運転席の人びとはほっとするどころか憔悴《しょうすい》しきった表情を見せています。インタビューを受けた人はたいてい、来年こそはもっと早めに申告の準備をすると言います。

数年前、ネットワーク・マーケティングの事業で成功を収めているエディからアドバイスを求められました。彼は税務申告をいつもグズグズと先延ばしにしていたからです。彼はため息まじりにこう言いました。「起業のやりかたもマーケティングも従業員の管理も商品の売りかたも、ちゃんと心得ている。だが、申告の時期がたまらなくいやで、いつもぎりぎりまで引き延ばしたあげく、ひと騒動を演じるんだ」。

彼は家じゅうを引っかきまわして申告に必要な書類を探しまくり、それだけで疲れはて、欲求不満がたまるのです。そして、税理士との一回めの打ち合わせに出向きます。エディは領収書を全部、紙袋に詰めこんで持っていきました。税理士はそれを見るなり、大声で笑ったそうです。

確定申告はこうやる

確定申告になかなか手を着けない多くの人びと同様、エディもまず古い格言「ひとつのモノにひとつの場所、そこにすべてがある」から始めなくてはいけませんでした。彼は請求書や領収書を保管するファイルは持っていたので、年間を通して必要なときはそのファイルから探すことができました。

しかし、問題はまず一月のなかばからたまりはじめる種々雑多な書類でした。申告書、支払った金利や受け取った利息の伝票、収入と経費の明細書、節税情報の記事やメモ、そのほか、特定のファイルを持たない税務関連の書類。こうした書類は家じゅうに散乱するはめになっていました。

さらに、エディには、自宅にオフィスとして使うスペースがなく、一方、ビジネスのほうはとんとん拍子に伸びていく、という問題もありました。ふたりの子供がティーンエージャーなのでまもなく自立するだろうし、そうすれば、空いた部屋をオフィスとして使えるだろう、と彼は楽観的に語りました。最近の若者たちは自立に熱心ではないし、なかには結婚しても離婚してまた家に戻ってくる場合もあるのですが、わたしにはそれを彼に告げるだけの勇気はありませんでした。

エディがグズという問題に取り組もうと決心したのは次のような理由からです。

◆土壇場の確定申告騒ぎで、兄弟や友人たちからジョークの種にされたりからかわれることに飽き飽きした

◆ビジネス仲間から真剣に受けてとめてほしい。締め切りに間に合わせようとあわてふためいていては、あまりプロらしく見えない

◆ぎりぎりになって申告に取りかかると、ミスをしたり、重大な事実を忘れやすい

◆罰金や延滞金を払うのがいやでたまらない

そこで、わたしたちは税務関連の書類を整理するプランを立てました。最初は、あらゆるものをひとつの箱に入れ、クロゼットやベッドの下に保管しました。申告時期に中身の分類と整理が必要ですが、少なくともすべての書類が一カ所にあり、紛失や置き間違いの心配がありません。やがて、エディはファイリングシステム代わりに大きなラベル付きの封筒を入れた箱を使うようになり、やがて、オフィス用品店で購入したハンギングファイル付きのプラスティックボックスに取り替えました（エディの習慣を見習って、たびたびオフィス用品の店をのぞき、生活の簡便化と整理整頓に役立つ製品をチェックしてみるといいでしょう）。

エディには確定申告用のタイムテーブルも作成してもらいました。締め切りの数カ月前、書類がたまりはじめるころに〝逆算調整〟を始めます。まず、いつごろ確定申告書を郵送したいか決めます。そして、申告書をそろえる期日を設定し、カレンダーに印を付け、最後に申告の準備を始める期日を決めます。

専門の税理士に依頼するにせよ、自分で申告するにせよ、こうした〝逆算調整〟を習慣化するといいでしょう。

プランを立てるときには、申告をする自分自身を想像してみてください。何が必要になるだろうか？　特定の書式や情報は？　誰かのアドバイスや指導は？　計算機やソフトなどの道具は？　誰かと会う約束は必要だろうか？　これらをすべてあなたのリストに書きこみます。目標とする締め切りはかなり早めに設定しておきましょう。そして、それぞれ設定した日時までにこまごました作業が片づくように、モティベーション・アイテムとして何か意味のある小さなご褒美を決め、また、仕事のすべてが完了し、確定申告書を郵送してすべてのコピーをきちんとファイルしたときには、大きな楽しいご褒美を用意しましょう。

現在、エディはコンピューターソフトを使い、自分ひとりで立派に確定申告を行なっています。情報やテクニックを駆使しているおかげで四月十五日の期限よりずっと早く申告を済ませてしまいます。何もかもぎりぎりになるまで先延ばししていた〝昔のエディ〟は完全に消えたそうです。

利子も積もれば山となる

グズが原因であなたの財政にダメージを与えるもの、それが延滞料です。クレジットカードや公共料金の支払いがたまに期限を過ぎたり、図書館の本やビデオの返却が遅れても、

税務に関するグズを克服するコツ

① 逆算調整する

② あらゆるもの（領収書、支払い済み請求書）を収納する場所を作る

③ 確定申告に関する種々の書類を収納する場所を作る

④ 必要な場合は手助けを求める（本、アドバイザー、税理士、パソコンソフト、知識の豊富な友人）

⑤ 自分にご褒美をあげる

あなたの経済状況に多大な影響が出ることはないでしょうが、これが習慣化すれば罰金や延滞料を支払うはめになり、苦労して稼いだお金が少しずつなくなっていきます。

一年間で支払う延滞料や手数料を合計すれば、その総額は見過ごしにできないほど大きな額になります。独身のキャスはクレジットカードの分割払いの残高をゼロにしようと思ってはいるのですが、いつも何かしら買わずにはいられませんでした。五枚のカードの残高を合計すると、数年分で約七千ドルになります。カードを使った買い物はやめられそうもありませんでしたし、彼女は「毎月の利息は微々たるものだから」と言ってこの習慣を正当化していました。彼女は低利率の謳《うた》い文句に惹かれていくつかのカードを使いましたが、最初のキャンペーン期間が終わると利率が一気に一七パーセントや、しばしばそれ以上に跳ねあがるこ

とを忘れていたのです。しかも、支払いが遅れると利率が高くなるカードもありました。キャスがそれぞれのカードで支払った利息（一五・五％、一七・五％、二枚のカードが一八％、そして、一枚は二一％）を見てみると、先ほどの七千ドル分に対する一年の平均利息が一八パーセントで、総額にすると年間千二百六十ドルにもなるのです！　毎年払っている利息分で優に七日間のカリブ海クルーズができることに、キャスはようやく気づきました。カリブ海クルーズなんて夢のまた夢だと彼女は思いこんでいたのです。しかも、各カードでたびたび支払う延滞料が年間二百ドル以上になることもわかりました。キャスは突如として発奮しました。彼女は二枚だけ残してあとのカードを解約したのです。一枚のカードは非常用としてドレッサーの引き出しに入れ、万一、どうしても何かを買わねばならなくて、貯金しているひまがないときに使います。家に置いておくことで〝衝動買い〟がなくなりました。財布に入れたもう一枚のカードはガソリンスタンド専用です。

それから一年ほどして彼女はデビットカードを使いはじめました。多額の現金は持ち歩きたくないし、ふたたびクレジットカードを使うのもいやだったからです。キャスは現実的な時間枠で口座を管理し、買い物を合理化し、シンプルなライフスタイルに努め、安易な買い物をしないように心がけました。わずか二十二カ月後、キャスは借

クーポンと上手に付き合うには

クーポン券やキャッシュバックを利用すれば大きな節約になります。しかし、使わないことにはなんの得にもなりません。ある人びとにとっては、これが小さいながらもイライラするグズの原因になります。

＊新聞や雑誌を積み上げているのは、目に入ったクーポンをいつか切り取るためですか？

＊クーポンを持って店に行き、買い物をしたのに、肝心のクーポンを使い忘れていませんか？

＊得意げにクーポンを出してレジ係に渡したら、とっくの昔に期限が切れていると言われたことは？

＊クーポンをそこらじゅうにしまいこみ（引き出し、カップ、キャビネット、本のあいだ、財布など）、店に持っていかないまま期限切れになることは？

＊キャッシュバック・クーポン付きの商品を買ったのに、クーポンを郵送しなかったことはありませんか？　あるいは、領収書が見つからなくなってせっかくクーポンがあるのにキャッシュバックができなかったことは？

クーポンやキャッシュバックで億万長者になれるわけではありませんが、クーポンの利用でグズグズしていると、こんな些細なこともやりこなせないというネガティブな気分に陥ります。ですから、本気でクーポンを使うと決め、本書のテクニックを利用してあなたなりの効果的なシステムを作り上げるか、さもなくば、クーポン類はいっさい利用しないと決めてこの問題を解決しましょう金から解放され、数年たった今でも借金とは無縁の生活をしています。なによりも、以前なら利息の支払いに消えていたお金で彼女は二年続けてカリブ海クルーズにでかけました。金銭的なグズを克服し、中西部の厳しい冬から逃れるすばらしい解決策を見つけたのです！

グズのせいで穴からぽたぽたと洩れていく少額のお金は歳月とともに大きな金額になりますし、それは、少しでも定期的に貯金すれば大きくたまるのと同じです。

経費精算はマメに！

あなたは経費精算書の提出をグズグズと先延ばしにしていませんか？　もしそうなら、経費に派生する利息をためているわけで、その利息分の精算はしてもらえないのです。これまた、苦労して稼いだお金が洩れていく穴です。

精算手続きのどこに問題があるのかを確認してこの穴をふさぎましょう。何週間も何カ月も放っておいたあげく、経費に含まれる明細が半分も思いだせず、どの領収書を探せばいいのかわからなくなっていませんか？　ためこんだ領収書や書類を保管する場所や管理するシステムが必要ですか？

同じ業種のなかでも経費精算書や精算の手続きはそれぞれ異なるので、少し調べてみてください。同じ業界や立場の人に、どうやって能率的かつ合理的に手続きを進めているか尋ねましょう。あるいは、チップのような領収書のない出金を忘れずに記録する方法といった、特定の解決策を訊くのもいいでしょう。「経費精算書に記入すること」とあなたの〝やることリスト〟に書き留め、実際に記入する日時をカレンダーに書きこみます（たとえば、毎週金曜日の午前十時という具合に）。

領収書を集めたり探すのが問題点であれば、〝すべてを収める場所〟を決めましょう。ファイルでも箱でも封筒でもかまいません。重要なのは、領収書類をしまう場所があり、そこにきちんとしまうということです。

もちろん、あなたなりのシステムが決まり、適宜に精算する習慣が定着したら、いやな仕事をやり終えたときのご褒美を忘れずに計画しましょう。

結局、「グズは高くつく」

貯蓄にはバカンスや頭金用の短期的な貯蓄プランもあれば、大学教育や快適な隠退生活のための長期的な貯蓄プランもあります。目標はなんであれ、投資用のお金が残るように収入を下まわる暮らしをすると決意し、そして、投資することです。おそらく、最初は少額の余裕しかないでしょうが、少額でも定期的に貯蓄していけば年月とともに大きくたまっていきます。まったく貯蓄プランがないよりも、なんらかのプランを立てたほうが明らかにお金はたまります。

マイケルは少年のころ新聞配達をしていました。初めて給料をもらって帰った日、彼は買うつもりでいたいろいろな品物について母親に話しました。すると、「どんなに少しのお金でもいいからまず自分のために貯金しなさい」と言われました。お母さんは貯蓄プランの立てかたについて教え、その実行を手助けしました。やがて、プラスティック製のスーパーマン型貯金箱に十ドルたまると、母と息子はその中身を持って銀行へ行き、口座を開きました。マイケルに買いたいものや買わねばならないものがあるときでも、母親はいつも「まず自分のために貯金しなさい」と言いつづけました。

その後、ふたりは定期的に銀行へ通うようになりました。マイケルは母親と一緒に銀行へ行き、カウンターの前で五ドルから十ドル相当の小銭と通帳を渡すと、係員が金額を記帳してマイケルに返す。彼は増えていく金額を見るのがとても楽しみでした。

年月がたち、初めての車を買う年ごろになったとき、マイケルには欲しい車を買うだけの貯金がありました。大学生のあいだも彼はアルバイトを続け、給料の一部を（たとえ、

助成金・奨学金・財政援助には逆算調整で

助成金や奨学金、財政援助の申請を先延ばしにすることは、お金と機会を失うことにつながります。締め切り後に届いた申請書は、たいてい破棄されてしまいます。

逆算調整でこの問題は解決できます。申請書をいつ郵送するか決めましょう。そして、申請書をまとめる期限を設定します。そのうえで、集めなければいけない書類や情報、手紙や電話で連絡を取らなければいけない人びとのリストを作りましょう。

知り合いのある学生は締め切りの一週間前に財政援助の申請書をまとめようとしました。そして、前の学校の成績証明書が必要だとわかったのですが、電話で依頼すると、それには書面での請求が必要だと言われました。あと七日しか残っていなかったため、彼は締め切りに間に合わず、援助の機会を失い、その学期、あやうく授業に出席できないような羽目に陥りました。きちんと逆算調整をしておけばこんな目にはあわなかったでしょう。

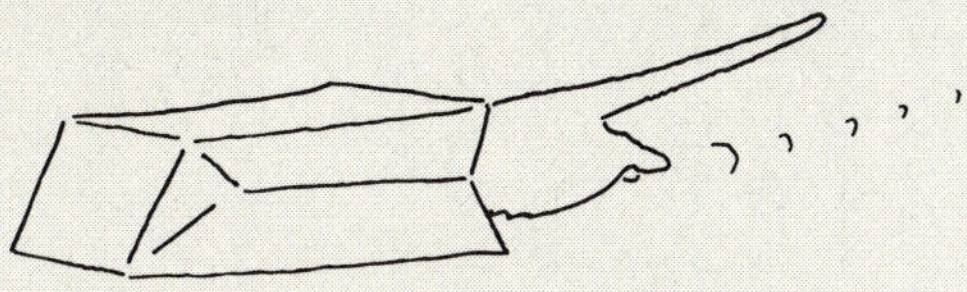

どんなに少額でも）まず自分のために貯金しつづけました。どうしてもお金が必要なときは、銀行の口座にいつもそれだけの蓄えがあったのです。

こうして貯蓄が習慣化していたため、二十代の初めですでにマイケルと新婚の妻ダニエルには家の頭金に充分なお金がありました。今ではふたりの男の子がいて、ダニエルもパートをして家計を助けています。若い家族だけに、支払いが精いっぱいで貯蓄にまでなかなか手がまわりません。

しかし、マイケルとダニエルは、この低収入高支出の時期であっても、三十ドル、すなわち、一日一ドルの投資は可能だと考えています。やがて子供たちが学校へ行き、ダニエルがフルタイムで働けるようになれば、家計も楽になるだろうし、収入が増えたら月々の投資額を大きくしようと計画しています。

貯蓄プランを立て、定期的に投資する金額を決めてしまえば、あとの手続きはあんがい簡単です。多くの銀行や投資プランでは、あなたの預金から自動的に引き落として積み立てることが可能です。金融投資の手順をより簡便にした新しい方法もたくさんあります。定期的にこつこつと投資した少額のお金が積もり積もってどれほど大きな額になるか、きっとあなたも驚きと喜びを感じることでしょう。

金融的なグズにはさまざまな形があります。本章は金融関連のアドバイスを目的としたものではありません。単に、グズ克服の原理を応用してあなたの経済面をコントロールし、金銭的な安定という希望と目標を実現する方法を示しています。

お金を二倍にする最も安全な方法は、ふたつに折りたたんでポケットにしまうことだ。
——キム・ハバード

借金は最悪の貧乏だ。
——トーマス・フラー（英国の歴史家）

やってしまったことに対する後悔は時間とともに和らぐものだ。しかし、やらなかったことに対する後悔は慰めようがない。

——シドニー・J・ハリス（米国の著述家）

負債をかかえた人間はとりあえず奴隷である。
——ラルフ・ウォルドー・エマソン（米国の思想家）

決して金を持つ前に使うな。
——トーマス・ジェファソン（米国第三代大統領）

いったん決心したら宇宙がその実現を働きかける。
——ラルフ・ウォルドー・エマソン

【実習コーナー】

①金銭的な事柄で何かグズグズしていることはありませんか？ もしあるなら、それはなんですか

（　　　　　　　　　　　　　　）

②かかえている借金の額に満足していますか？ それを変えたいですか？

（　　　　　　　　　　　　　　）

③あなたの貯蓄プランに満足していますか？ それを変えたいですか？

（　　　　　　　　　　　　　　）

④今年、財政的に達成したい目標はなんですか？

（　　　　　　　　　　　　　　）

⑤今から五年後の財政目標はなんですか？

（　　　　　　　　　　　　　　）

⑥これらの答えを考えるにはファイナンシャル・アドバイザーが必要ですか？

（　　　　　　　　　　　　　　）

10　あなたが望む人生を創ろう！

わたしたちは大きなことから小さなことまで——雑用、ギフト、人間関係、電話連絡、団体への参加もしくは退会——実にさまざまなことでグズグズしますが、先へ延ばす事柄のなかでも最もありがちな（そして、最も悲しい）のが、わたしたちの夢です。

心の奥の片隅にそっとしまいこんでいるのは、大学の学位だったり音楽のレッスン、あるいは、事業を始めることや山に登ること、本を書くことです。いつの日か……と思いつつ、みんな先延ばしになっています。夢を追い求めるなら無限のエネルギーと熱意をうまく使いましょう。夢を追わないと、「もしあのとき×××していたら……」という一抹《いちまつ》の寂しさが心に残ります。アメリカの詩人ジョン・グリーンリーフ・ホイッティアーの言葉を借りましょう。

言うにしろ書くにしろ
悲しい言葉はいろいろあるが
なかでも最も悲しいのは

「ひょっとしたらそうなっていたかもしれない」だ

　高齢者たちを仕事の対象にしているバーバラによれば、人生の晩年に達した大多数の人びとはたとえどんなにばかげたことやおかしなことでも、自分たちがやったことに対してはめったに後悔しないそうです。むしろ、彼らが悔やむのはやらなかったこと、追い求めなかった夢なのです。

〝グズ克服〟の旅に乗りだしたあなたは、あちらこちらで小さな成功を収めはじめるでしょう。成功を楽しんでください。自慢してください。そして、その成功をきっかけとしてあなたの生きかたを見つめてみてください。自分の人生を考えたとき、虚しさを感じるようであれば、それは自分の望んだ方向性をいつまでも選ぼうとしなかったからかもしれません。多忙な日々の雑務に埋没し、楽しみや喜び、人間関係や未来の目標のためのスケジュールを先延ばしにしてきたのです。夢との接点を失ってしまったのです。

　あなたはどんな評価をしますか？　人生で成し遂げたいことを決めるには、まずあなたにとって〝成就〟とはどういう意味を持つのか考えてみてください。

◆結婚、家族、独身、いずれにせよあなたが望んだとおりの状況ですか？　それはひとつ

の成就です

◆あなたが選んだ分野で仕事をしたり余暇を過ごしていますか？　それはひとつの成就です

◆あなたの子供たちをそこそこの礼儀をわきまえた、社会的にほぼ許容できる人間に育てていますか？　それこそ本当の成就です

◆望んでいた技能を身につけたり、その勉強をしていますか？　それはひとつの成就です

◆大切に思う友人や家族がいますか？　よかったですね――それはひとつの成就です

◆離婚や愛する人の死、病気、経済的挫折、失業、これらを健全な精神や自尊心を損なうことなく乗り越えましたか？　それらはすべて成就です

自分が歩んでいる道をチェックしてみよう

大急ぎで人生を駆け抜け、ますますスピードアップして無茶な生きかたをしているときは、足を止めなくてはいけません。そして、次のようなことを心がけましょう。

◆自分の価値を再考する

◆人とつきあう
◆人生の方向性を考え、時間やお金やエネルギーをどのように使いたいのかを決める
◆自分をいたわり、充電する
◆計画を立てる
◆穏やかで静かな時間を見つける
◆人生に愛を受けいれる

大学生のための〝グズ克服〟セミナーに参加したノアは、受講者たちに次のような話をしました。立ち止まってよく考え、人生の進むべき〝道〟を決定することが重要だというわかりやすいエピソードです。

ある夏、観光牧場のカウボーイだったノアは松林に古い小道を見つけ、観光客の一団にそれを伝えました。観光客たちは興奮し、馬でその道を歩きたいと言ったので、その前にノアが倒木や破片がないか確認に行きました。観光客たちが草原を駆け抜け、小高い丘にのぼって下を見おろすと、ノアが森のはずれでうろうろしながら小道を探していました。丘の上からは小道の入り口がはっきり見えるのですが、ノアはあまりにも近くにいるため、かえって見過ごして何度も通りすぎてしまったのです。

ノアと同じように、多くの人びとは息もつけないほど多忙で、立ち止まったり計画を立てる余裕がないと感じています。しかし、そういうめまぐるしいときこそ、足を止めてひと息つき、自分の道がわかるように少し距離を置いたほうがいいのです。

あなたが先延ばしにしてきた一〇一項目のリストをながめて、人生そのものを先へ延ばしていることに気づきませんか？　人間関係や希望や夢のための時間を先延ばししていませんか？　楽しみや気晴らしや喜びのための時間を先延ばししていませんか？

わたしの大好きなコメディアンのハル・ローチはパフォーマンスの最後によくこう言います。

「今日が最後だと思って毎日を生きよう……ある日、そのとおりになるから！」

あまりにも速いスピードで人生が進み、少しも楽しんでいないのではないですか？　何に向かってそんなに急いでいるのですか？　何を成し遂げようとがんばっているのですか？　いつごろよくなりますか？　いつごろ人生を楽しめるようになりますか？

「やるべき」ことと「やりたい」こと

〝やることリスト〟は行動のプランニングに役立ちますし、プランが立てば時間を有効に活用でき、その結果、あなたの進む道もはっきりします。〝やることリスト〟に入る項目は大きくふたつに分類されます。つまり、維持管理と充実化です。

〝維持管理〟の仕事とは、人生をスムーズに運ぶために必要なことです。その多くは毎日、あるいは、毎週、毎月、繰り返さねばなりません。たとえば、料理、掃除、芝刈り、支払い、洗濯。

一方、〝充実化〟の活動とは、短期的にせよ長期的にせよ、あなたが好きでやることであり、〝やるべき〟だからやることではありません。わたしは〝充実化〟という言葉が好きです。充実化に値することをやったかどうか、それは人生が豊かになるのでわかります。よい本を読む。友人を訪ねる。手品を習う。楽しい場所にでかける。コンサートや芝居に行く。講座を受講する。植物園に行く。家を飾る。充実化に関わる事柄はたいてい幸福感があり、人生がもっと楽しくなります。すばらしい達成感や満足感を感じます。活力がわきます。

しかし、あなたの声が聞こえてきそうです。「でも、やらなきゃいけない維持管理が多すぎる。いくらやりたくても、充実化に割く時間はまったくないんだ」

「時間がない」というのは単なるグズな人の言い訳にすぎません。時間のすべてを維持管理に費やし、充実化の時間がまったくないのであれば、今こそ優先順位を調整し、あなたの考えかたやプランニングを変えるときです。

実際、**仕事や責任に追いまくられて人生のスピードが速くなればなるほど、よけいに充実化の時間を持つ必要があります。**もう何をするエネルギーもないくらい手いっぱいで疲れはてているときこそ、友人を訪ねたり自転車に乗ったり釣りにでかけたり、あるいは、瞑想や美術館の見学、散歩に費やす時間を作る必要があります。

そのためにどうすればいいのか？　あなたのやりたい楽しいことを、やらねばならない重要な事柄と事柄のあいだにうまくはさむことを覚えましょう。

疲労困憊……それとも、退屈？

疲れはてて何もできないと訴える健康な人びとによく出会います。ひょっとして退屈なのでは、とわたしは訊いてみます。この質問をしたとき、ある女性はすぐさま長い〝やることリスト〟を引っぱりだし、「退屈ですって！　退屈しているひまなんかあるわけないでしょう。一日じゅう走りまわっているんだから」と言いました。

何か楽しんでやっていることがそのリストのなかにあるかと尋ねました。答えは「ノウ」でした。彼女には仕事や雑用や手間仕事が山のようにありました。手に余るほどやることがありながら、それでも彼女は退屈だったのです。

日々が、あるいは、週や月が束になって過ぎていき、自分のしたことにあまり熱意が感じられないなら、あなたは退屈しているのかもしれません。退屈というのは気が滅入るもので、溝を掘るより疲れるものです。

もしこれがあてはまるのであれば、そろそろ〝やることリスト〟を使って何かを（ふたたび）始めましょう。たとえば、趣味や工芸、スポーツ、楽器の演奏。自然のなかに出て新鮮な空気を吸ってもいいし、友達と会ってもいい。あなたの人生を豊かにし、エネルギーを再生してくれる何かをやりましょう。ドクター・ノーマン・ヴィンセント・ピール（米国の聖職者、作家）が言ったように、「熱意はエネルギーを生む」のです。

たとえば、旧友たちと集まりたいとか、家族との時間をもちたい、特別な人と会いたい、とたびたび思うのに……でも、実現しない。これを解決するにはマーク・ヴィクター・ハンセンのアドバイス「頭で考えるな！　インクで書こう！」に従いましょう。実際に、大切な人びとと交流する方法をあなたの〝やることリスト〟に書いてみてください。次のように。

◆スウ・リンに手紙を送る

◆ジョゼフに電話する
◆ローリーアンとの夕食の日時を決める

あなたの優先順位に従って行動することで、退屈な仕事だらけだった一日に喜びが加わり、活力がわいてくるでしょう。そして、人生に対する新たな熱意と、愛やいたわりや思いやりのある態度で日々の雑用に戻ることができます。

維持管理の仕事にこだわるべきときと、それをいったんやめるべきときがあります。維持管理の仕事が完了しても、次にまた仕事のリストが控えていることを忘れてはいけません。しかし、明日もまた家族や友人と楽しめるとはかぎらないので、人との交わりや楽しみ、気晴らしや喜びの時間を先延ばしにしないでください。

夢を実現させるために

リストに列挙した維持管理と充実化の項目にそれぞれ目をやり、優先順位を考えながら、それでもあなたは「夢を成就する時間なんてない！」とつぶやくのではありませんか？

確かに、時間はないかもしれません。あるいは、その夢を追う時機ではないのかもしれません。でも、ひょっとしたら――そう、ひょっとしたら――その気にさえなれば時間が見つかるかもしれないのです。わたしの大好きな作家で講演者のアンソニー・ロビンズはこう言っています。**「決断したその瞬間にあなたの運命は具体化する」**

夢を追い求めると決めたなら、おそらくそれを実現する時間が見つかるでしょう。夢とは、今日の〝やることリスト〟に書けるような事柄ではありません。夢にはたいていたくさんの細かな要素が含まれているのです。たとえば、調査、学習、収集、プランニング、設定、実行。まず次の質問に答えることから始めてみてください。

①自分の夢を細かい要素に分けることができるか？
②そのどれかに関わる時間的余裕があるか？

本書では六章の「『誰か、助けて！』――グズの矯正」で手に余る仕事について論じました。夢もまたひとすじなわではいかないものですが、**夢を構成する小さな仕事をすべてリストに網羅する**ことから始めれば、少なくともひとつくらいは今でもできることがあるかもしれません。

就学前の幼児を三人かかえる若い母親のキャシーは、家事に追われてとてもフルタイムの大学生にはなれないとわかりました。そこで、半期ごとに大学の講座をひとつずつ受講する目標を立てました。いちばん下の子が一年生になるころ、彼女はほぼ二年分の単位を取得していたのです。

たとえば、今すぐピアノを習う時間はないかもしれませんが、楽器店でピアノの下見をしたり、あるいは、ピアノを調律してもらったり、よいピアノ教師を探しはじめることはできるでしょう。

今すぐ作家になる時間はないかもしれませんが、創作やワープロや作品の売り込みに関する講座を受講する時間くらいは見つかるでしょう。

あなたの夢を見つめてください。その実現に向かって必要な小さなステップをリストに書きだしましょう。そして、あなたの夢を実現するために、どうすればもっと時間が作れるかを考えてみましょう。

夢の実現にひまな時間を活用する

ひまな時間をどのように使っているか考えてください――特に、睡眠も含めたリラックスやくつろぎの時間について。もちろん、人は睡眠を取らねばなりません。大半の医師によれば、場合に応じて変化するものの、一日に必要な睡眠時間は平均七、八時間です。あなたは何時間眠りますか？　疲れているからではなく、単に退屈で寝てしまうことはありませんか？

テレビを見る時間は何時間ですか？　毎晩テレビを三時間半見ていれば、一週間で二十四時間半、一カ月で百五時間になります。

「でも、ちょっと待ってくれ。一生懸命働いてるんだ！　たまにはリラックスしたっていいだろう？」という声が聞こえてきそうです。もちろん、そのとおりです。

わたしはグズ克服とタイムマネジメントのスキルに加えて、ストレスマネジメントのスキルも教えています。これだけストレスの多い社会では精神と肉体の健康を守るためにリラクセーションは欠かせません。

しかし、夢を追求するための時間を探すなら、あなたが毎月、余暇の活動にどれだけの時間を費やしているかを考え、「リラックスするために本当に一カ月百五時間もテレビを見る時間が必要なんだろうか？」と自問してみてください。

決してリラクセーションをすべてあきらめろと言っているわけではありません。ただ、くつろぎに費やす時間の量を考えれば、週にほんの二、三時間くらい夢の追求にあてることは可能なのではないでしょうか。

通勤時間の利用

バスや電車で通勤する人びとには、積極的に利用できる時間が一日に一時間から二時間はあります。作家のスコット・トゥローは超多忙な弁護士で、電車で通勤しながら『推定無罪』を始めとする数冊のベストセラー小説を書きました。

車で通勤しているなら、カセットデッキやCDプレーヤーが夢を追求する重要な道具となります。ダッシュボードに備え付けのものでも、ポータブルプレーヤーを座席に置いてアダプターをシガレットライターにつないでもかまいません。バスや電車の通勤であれば、イヤホン付きのプレーヤーを使いましょう。一カ月二十時間分のテープやCDを買うのは費用的に高すぎるかもしれません。無料のオーディオ素材を探すには近所の図書館がいちばんです。

カセットやCDプレーヤーで通勤時間を有効に活用した三人の例を挙げてみましょう。会社副社長のキャシディはドイツへの休暇旅行を計画していました。でかける六カ月前、車のなかで聞くために『ドイツ語会話』のCDセットを買いました。彼女は何度も繰り返し聞かないと次のCDに進めませんでしたが、それでもドイツへ旅立つころには基本的な

「通勤時間を呪ってはいけない。
その時間を自分のためにうまく使えばいいだけだ」

――テッド・シュワーツ
『作家のためのタイムマネジメント』より

日常会話を理解していました。

仕事に不満を持っているウェイトレスのジョイスは、ホームパーティー形式で商品を売る副業を始め、いつかそれがフルタイムの仕事になればと願っています。彼女はマーケティングやビジネス展開、モティベーション昂揚《こうよう》のテープを図書館から借り、通勤するバスのなかで聞いています。ホームパーティー・ビジネスの人気は上々で、長い通勤中にテープを聞くことにもすっかり慣れました。彼女は年末には今の仕事をやめ、副業をフルタイムの職業にしようと計画しています。

ジェイスンの夢は、格安の〝要修繕家屋〟を買って修繕し、それを売却することでした。ところが、家は買ったものの、肝心の修繕に手を着けるまで五年間もグズグズしていました。そこで今は四十五分の通勤中にモティベーションを高める〝ポジティブ・シンキング〟のテープを聞いています。おかげで活力がわき、退社後の数時間を家の改装にあてることができるようになったそうです。

文学の古典作品や優れた人気小説を読みたいとずっと思っていませんか？　それらの多くはカセットテープになっています。

タイムマネジメントのスキルを向上させたいですか？　ストレスマネジメントのスキルを向上させたいですか？　もっとクリエイティブになりたいですか？　交渉術を身につけ

たい？ もっと音楽を聞きたい？ 販売テクニックを学びたい？ 自分の霊性を深めたい？ 独立してビジネスを始めたい？ 異文化を探求したい？ 多くの図書館には、これだけでなくほかのさまざまな話題に関してすばらしいテープが用意されています。

グズ克服の輪を広げよう

物事を先延ばしにする習慣を克服しはじめたら、あなたが身につけたテクニックや成功を友達や家族に伝えていきましょう。

わたしの友人のジュリーは友達三人と連れだって、グランドキャニオンをラバで踏破したのですが、十代の娘アンはこう言ったそうです。「まあ、あたしがまだ子供のころからママはその夢をずっと口にしてたわ。なるほどね。あたしの夢もいつかかなうかもしれない」。子供たちにはさまざまなものを与えられますが、なかでもこれは実に大きな贈り物です――すなわち、夢は実現可能だという信念。

知り合いのグズをなんとかしたいとわたしにアドバイスを求める人びともいます。グズな人びとを改造するためにあなたがこの本を読んでも、その人たち自身が変わりたいと思わないかぎり、たいした成果は生まれません。本書の概念をグズな人びとに説明してあげれば少しは成功するでしょう。あるいは、この本を読むように勧めてもいいでしょう。また、人がグズにおちいる理由を理解すれば、あなたが知っているグズな人びとに対して積極的に働きかけることもできます。しかし、**グズを克服する決断はあくまでグズな人自身がしなくてはなりません。**

あなたが望む人生を創ろう

グズでない人びと——つまり、アンチグズ——でも、ずっと書くつもりで書いていない手紙とか整理しなければならない秘密のクロゼットがあります。やりたいことをすべて成就できる人はいませんが、アンチグズな人びとは重要なことをきちんと成し遂げます。

大手企業の法務部で働くケイティーにとって、グズとアンチグズの違いは要するにコントロールの問題でした。かつてグズだったころ、彼女には何ひとつコントロールできないように思えたのです。何が成就できて何ができないのか、その区別すらつきませんでした。何かの委員会で進んで仕事を担当するのが不安だったと彼女は語っています。任された仕事を完了できないのではないかといつも心配していたからです。たえず締め切り期限が重くのしかかり、緊張で胃が締めつけられていました。むずかしい電話をしなければならないとき、手に汗をかく始末です。

現在では、このコントロールできないという不安はまったくなくなりました。「成就できない事柄はどれもそのままで我慢できることなんです」とケイティーは言います。「そして、本当に重要な事柄はちゃんと片づける。優先順位をつけて対処します。本に書かれたテクニックやコツを総動員しなければならないかもしれないけど（ちなみに、本とはもちろん本書のことです）、でも、やりとげるべきことはきっちりやりとげます」

ケイティーのようにあなたもグズを克服し、人生にコントロールをつけることができます。そこからすばらしい自信が生まれます。そして、自信に満ちたアンチグズになればなるほど、たとえばダイエットとか禁煙、禁酒、薬物やギャンブルと手を切ること、あるいは、さまざまなネガティブな状況、といった大きな問題と取り組むことが可能になります。ひとつ成功すればさらにまた次の成功を呼び、小さな成就は大きな成就へとつながります。

もちろん、グズを克服しても、常にうまくいくとはかぎりません。人生と同様、山もあれば谷もあります。ポジティブ・シンキングやスピリチュアリティの向上、あるいは、自尊心の昂揚に取り組んでいる人びとは誰しも、すばらしく向上して目標に達したと感じる日々を体験しますが、挫折や失敗の日々も体験します。グズという言葉が自分とは無縁と思える充実した日々があるでしょう。あまりにも順調に物事が運ぶからです。反面、「ああ、やだ……またグズグズしてる！」とぼやく日もあるのです。

あわてないでください。がっかりしないでください。**グズモードに逆戻りしていると感じた場合は、軌道修正するためのアイディアが**いくつかあります。次のアイディアを参考にすれば、あなた独自のアイディアも生まれることでしょう。

◆まず、あなたの心配を口に出して話す。誰かに、「最近、昔のグズに戻りつつあるようで、いやでたまらないんだ」と言う。あなたが先延ばしにしている事柄を詳しく話し、それをやりとげるには何をしなければならないのかを決める

◆本書を読み返して〝再充電〟する。マーカーで印をつけたりアンダーラインを引いた箇所からきっかけがつかめるかもしれない

◆リストを書いてみる

◆モティベーションに役立ちそうなご褒美を見つける

◆仕事に取りかかるのがいやなだけかどうか見きわめる

◆始める前にキッチンタイマーをセットして一時間仕事に取り組む

◆モティベーションを高めるメッセージを書く。たとえば、「仕事を片づけよう！」という標語を冷蔵庫に貼ったり、「完璧ではなく優をめざせ」というカードを財布に入れる

◆あなたを押しとどめている不安の正体を探る
◆仕事を小さな作業に分ける
◆仕事をもっと楽しくする方法を考える。音楽を聞きながら働くとか、戸外でやったり友人と一緒にやることを考える
◆ポジティブな姿勢で自分自身に語りかける。言い訳や自分で作った限界を打ち砕く

なによりも**自分を厳しく非難してはいけません**。軌道からそれたとしても、また元に戻れるのです。グズを克服した今、わたしの人生で最も大きな変化とは、ストレスが消えるのを待ったり、多忙な時期が終わるのを待ったり、危機が解消するのをただ漫然と待たなくなったことです。だから幸福でいられるのです。幸福をあとまわしにしなくなり、今は人生を楽しみ、十二分に生きています。あなたにもそれができるのです。

あなたにもグズなやりかたを変えることができます。エメットの法則を忘れないでください。

「仕事を引き延ばすことは、片づけることより倍の時間とエネルギーを要する」

さあ、あなたの望む人生を創りはじめましょう。あなたにはすばらしい人生が待っているのです！

賢者のひとこと

いつか遥かなときが流れたころ、わたしはため息とともにこう語るだろう
森のなかで道がふた手に分かれ、そこでわたしは——
わたしは人跡の少ない道を選んだ
それが人生をかえたのだ、と

——ロバート・フロスト『分かれ道』より

幸せな人生に必要な三大要素とは、行動すること、愛すること、そして望むことだ

——ジョゼフ・アディソン（英国のエッセイスト）

目標とは締め切りのある夢だ。

——ドティ・ウォルターズ（米国の著述家）

みずからの夢に向かって自信を持って進み、想像どおりの人生を歩むべく努めれば、やがて現実の時間のなかで、思いもかけない成功と出会うだろう。

——ヘンリー・デヴィッド・ソロー

仕事に夢中でいられるなら、間違いなくあなたは人生の正しい道を歩んでいる。

——作者不詳

【実習コーナー】

考えさせられるふたつの質問と一編の詩

① あなたはこの世界にどんな貢献をしたいですか？

② あなたが生きたことでこの世界はどのようによくなるでしょうか？

影の数ではなく星の数であなたの夜を数えよう
涙ではなく微笑みであなたの日を数えよう
そして、誕生日の朝は
年月ではなく友人の数であなたの歳を数えよう

訳者あとがき

たとえば、仕事や宿題や部屋の掃除を本当は十日前には終えていなければいけないのに、「いいや、明日にしよう」と今日もまた手を着けずに先延ばしにしていませんか？　英会話やパソコンの勉強を始めたいとか、早くペーパー教習に行かなきゃとずいぶん前から考えているのに、いまだに何も始めていないのではないですか？　デスクの上に書類が散乱し、片づけなければと思いながらも毎日、書類の山がどんどん高くなっていませんか？半年も前の経費精算がまだ終わっていないのではないですか？

よほどきちょうめんで規則正しい人でもないかぎり、どんな人にもグズな部分があるものです。締め切りぎりぎりの土壇場になるまでなかなか仕事に手を着けない。苦手なクライアントになかなか電話をかけられなくて仕事が先へ進まない。散らかった部屋を見るたびに片づけようと思いつつ、いつまでも整理を始めない。本を読もう読もうと思ってはいるが、ずっと枕もとに積みっぱなしだ。永遠に「明日があるさ」と言いつづけることになります。仕事や人間関係、あるいは、人生で成功を収めるためには何かしらやらなければならないことがあります。やらなければならないとわかっているのに、それをグズグズと先へ延ばすと、大きなストレスやフラストレーションを生みます。他人や自分自身に言い訳をし、後ろめたい気分になり、自尊心まで傷ついてしまいます。

このグズという厄介な習慣、それをみごとに克服できると教えてくれるのが本書『いまやろうと思ってたのに…』（原題 *The Procrastinator's Handbook*）です。原題どおり、本書はグズな人びとのためのハンドブックであり、グズを克服するための完全マニュアルです。

著者リタ・エメットは二十年以上にわたってAT&Tやメルセデス・ベンツを始めとする企業や団体に招かれ、タイムマネジメントやストレス管理、コミュニケーションスキルの向上に関する講演やセミナー活動を行なっています。なかでも彼女のグズ克服セミナーは人気が高く、温かいユーモアとわかりやすいたとえ話、そして、なにより熱意あふれる語り口によって、参加者たちはやる気とエネルギーと高いモティベーションを得るだけでなく、楽しく学ぶことができるのです。そのコンセプトやアイディアを一冊の本にまとめたのが本書『いま　やろうと思ってたのに…』です。

キッチンタイマーを利用して一時間だけ仕事に集中する。こまめにリストを作る。ポケット付きのフォルダーとノートを使って仕事に必要な情報をすべて管理する。グズの元凶になりかねない紙ゴミやがらくたを徹底的に整理する。著者の提唱する簡単でわかりやすいグズ克服のコツが本書には詰まっています。

著者リタ・エメットは生まれついての世界最高のグズだったとみずから認めています。大学の学位の取得に十八年もかかったほどなのですが、グズを克服してからは五年で修士号を取得しました。ですから、どんなにグズな人にも必ず希望があると説く彼女の言葉には強い説得力があります。忙しくて読む時間がないと言い訳しながらグズグズと何もしないあなた、今こそこの本を読むべきです。今すぐ!

中井京子

二〇〇一年四月

知恵の森文庫

いま やろうと思ってたのに… かならず直る——そのグズな習慣

リタ・エメット　中《なか》井《い》京《きよう》子《こ》／訳

2004年4月15日 初版1刷発行

発行者——加藤寛一
印刷所——慶昌堂印刷
製本所——ナショナル製本
発行所——株式会社光文社
〒112-8011 東京都文京区音羽1-16-6
電話　編集部(03)5395-8282
販売部(03)5395-8114
業務部(03)5395-8125
振替　00160-3-115347

落丁本・乱丁本は業務部でお取替えいたします。
ISBN4-334-78280-9 Printed in Japan

お願い

この本をお読みになって、どんな感想をもたれましたか。「読後の感想」を編集部あてに、お送りください。また最近では、どんな本をお読みになりましたか。これから、どういう本をご希望ですか。どの本にも誤植がないようにつとめておりますが、もしお気づきの点がございましたら、お教えください。ご職業、ご年齢などもお書きそえいただければ幸いです。

東京都文京区音羽一・一六・六
（〒112-8011）
光文社〈知恵の森文庫〉編集部
e-mail:chie@kobunsha.com